MP3 다운로드 방법

KB051611

컴퓨터에서 → • 네이버 블로그 주소란에 **www.lancom.co.kr** 입력 또는
네이버 블로그 검색창에 **랭컴**을 입력하신 후 다운로드

• **www.webhard.co.kr**에서 직접 다운로드
아이디　 : lancombook
패스워드 : lancombook
• 이메일 elancom@naver.com로 음원 직접 요청

스마트폰에서 **스마트폰 카메라** 또는 **QR코드 앱**으로
각 **Unit**의 상단 오른쪽에 있는 **QR코드**를 촬영해보세요.
해당 **Unit**의 본문이 전체 녹음되어 있는 **동영상**을 보면서
일본인의 정확한 발음을 즉석에서 바로 들을 수 있어요.

보고 듣는 QR코드 속 동영상!
스마트폰 **카메라**로 책 속에 표시된
QR코드를 똑바로 찍어 보세요.

MP3 사용법

▶ **mp3 다운로드**
www.lancom.co.kr에 접속하여 **mp3**파일을 무료로 다운로드합니다.

▶ **우리말과 일본인의 1 : 1 녹음**
책 없이도 공부할 수 있도록 일본인 남녀가 자연스런 속도로 번갈아가며 일본어 문장을 녹음
하였습니다. 우리말 한 문장마다 일본인 남녀 성우가 각각 1번씩 읽어주기 때문에 한 문장을
두 번씩 듣는 효과가 있습니다.

▶ **mp3 반복 청취**
교재를 공부한 후에 녹음을 반복해서 청취하셔도 좋고, 일본인의 녹음을 먼저 듣고 잘 이해할
수 없는 부분은 교재로 확인해보는 방법으로 공부하셔도 좋습니다. 어떤 방법이든 자신에게
잘 맞는다고 생각되는 방법으로 꼼꼼하게 공부하십시오. 보다 자신 있게 일본어를 할 수 있게
될 것입니다.

▶ **정확한 발음 익히기**
발음을 공부할 때는 반드시 함께 제공되는 mp3 파일을 이용하시기 바랍니다. 일본어를 배
울 때 듣는 것이 중요하다는 것은 두말할 필요가 없습니다. 오랫동안 자주 반복해서 듣는 연
습을 하다보면 어느 순간 갑자기 말문이 열리게 되는 것을 경험할 수 있을 것입니다. 의사소
통을 잘 하기 위해서는 말을 잘하는 것도 중요하지만 상대가 말하는 것을 정확하게 듣는 것이
더 중요하다고 합니다. 활용도가 높은 기본적인 표현을 가능한 한 많이 암기할 것과, 동시에
일본인이 읽어주는 문장을 지속적으로 꾸준히 듣는 연습을 병행하시기를 권해드립니다. 듣는
연습을 할 때는 실제로 소리를 내어 따라서 말해보는 것이 더욱 효과적입니다.

왕초보 **일본어회화 첫걸음**

왕초보 일본어회화 첫걸음

2022년 12월 01일 초판 1쇄 인쇄
2022년 03월 25일 초판 5쇄 발행

지은이 박해리
발행인 손건
편집기획 김상배, 장수경
마케팅 최관호
디자인 이성세
제작 최승용
인쇄 선경프린테크

발행처 *LanCom* 랭컴
주소 서울시 영등포구 영신로34길 19
등록번호 제 312-2006-00060호
전화 02) 2636-0895
팩스 02) 2636-0896
홈페이지 www.lancom.co.kr
이메일 elancom@naver.com

ⓒ 랭컴 2022
ISBN 979-11-92199-20-7 13730

왕초보

일본어회화

첫걸음

박해리 지음

LanCom
Language & Communication

일본어회화를 위한 4단계 공부법

읽기 듣기 말하기 쓰기 4단계 일본어 공부법은 가장 효과적이라고 알려진 비법 중의 비법입니다. 아무리 해도 늘지 않던 일본어 공부, 이제 읽듣말쓰 4단계 공부법으로 팔 걷어붙이고 달려들어 봅시다!

읽기

왕초보라도 문제없이 읽을 수 있도록 일본인 발음과 최대한 비슷하게 우리말로 발음을 달아 놓았습니다. 우리말 해석과 일본어 표현을 눈으로 확인하며 읽어보세요.

✓ check point!

- 같은 상황에서 쓸 수 있는 6개의 표현을 확인한다.
- 우리말 해석을 보면서 일본어 표현을 소리 내어 읽는다.

듣기

책 없이도 공부할 수 있도록 우리말 해석과 일본어 문장이 함께 녹음되어 있습니다. 출퇴근 길, 이동하는 도중, 기다리는 시간 등, 아까운 자투리 시간을 100% 활용해 보세요. 듣기만 해도 공부가 됩니다.

- 우리말 해석과 일본인 발음을 서로 연관시키면서 듣는다.
- 일본인 발음이 들릴 때까지 반복해서 듣는다.

쓰기

일본어 공부의 완성은 쓰기! 손으로 쓰면 우리의 두뇌가 훨씬 더 확실하게, 오래 기억한다고 합니다. 별도의 쓰기 공책을 준비하여 공부한 것을 바로 확인하며 쓰도록 해봅시다. 정성껏 쓰다 보면 생각보다 일본어 문장이 쉽게 외워진다는 사실에 깜짝 놀라실 거예요.

✓ check point!

- 적혀 있는 그대로 읽으면서 따라 쓴다.
- 일본인의 발음을 들으면서 쓴다.
- 표현을 최대한 머릿속에 떠올리면서 쓴다.

말하기

듣기만 해서는 절대로 입이 열리지 않습니다. 일본인 발음을 따라 말해보세요. 계속 듣고 말하다 보면 저절로 발음이 자연스러워집니다.

✓ check point!

- 일본인 발음을 들으면서 최대한 비슷하게 따라 읽는다.
- 우리말 해석을 듣고 mp3를 멈춘 다음, 일본어 문장을 떠올려 본다.
- 다시 녹음을 들으면서 맞는지 확인한다.

대화 연습

문장을 아는 것만으로는 충분하지 않습니다. 대화를 통해 문장의 쓰임새와 뉘앙스를 아는 것이 무엇보다 중요하기 때문에 6개의 표현마다 대화문을 하나씩 두었습니다.

✓ check point!

- 대화문을 읽고 내용을 확인한다.
- 대화문 녹음을 듣는다.
- 들릴 때까지 반복해서 듣는다.

기본표현

基本表現

여행표현

旅行表現

일상표현

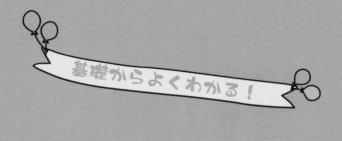
基礎からよくわかる！

01 PART

基本表現

✿ 만만하게
✿ 눈으로 읽고
✿ 귀로 듣고
✿ 입으로 소리내어 말한다!

인사

인사할 때

안녕하세요. (아침)

おはようございます。

오하요- 고자이마스

안녕. (아침)

おはよう。

오하요-

안녕하세요. (낮)

こんにちは。

곤니찌와

안녕하세요. (저녁)

こんばんは。

곰방와

날씨가 좋네요.

いい天気ですね。

이- 텡끼데스네

안녕히 주무세요.

おやすみなさい。

오야스미나사이

Conversation

A: きょうはいい天気ですね。

B: ほんとうにそうですね。

오늘은 날씨가 좋군요.
정말 그렇군요.

외출할 때

<< 듣기 >>

다녀올게요.

行ってきます。

잇떼 기마스

다녀오겠습니다.

行ってまいります。

잇떼 마이리마스

잘 다녀오세요.

いっていらっしゃい。

잇떼 이랏샤이

다녀왔습니다.

ただいま。

다다이마

어서 오세요.

おかえりなさい。

오까에리나사이

조심해서 다녀와요.

気をつけてね。

기오 쓰케떼네

Conversation

A: いってらっしゃい。
B: 行ってきます。

잘 다녀오셔요.
다녀오겠습니다.

>> 녹음을 듣고 소리내어 읽어볼까요?　　　　　<< 듣기 >>

잘 지내시죠?

げんき
お元気ですか。

오겡끼데스까

별일 없으세요?

おかわりありませんか。

오까와리 아리마셍까

요즘 어떠신가요?

このごろはいかがですか。

고노고로와 이까가데스까

일은 어떠세요?

しごと
仕事はどうですか。

시고또와 도-데스까

그저 그래요.

まあまあです。

마-마-데스

좋아 보이네요.

げんき
お元気そうですね。

오겡끼 소-데스네

Conversation

げんき
A: お元気ですか。

げんき
B: はい、おかげさまで元気です。

잘 지내십니까?
네, 덕분에 잘 지냅니다.

처음 만났을 때

>> 녹음을 듣고 소리내어 읽어볼까요?   << 듣기 >>

처음 뵙겠습니다.

はじめまして。

하지메마시떼

잘 부탁합니다.

どうぞよろしく。

도-조 요로시꾸

저야말로 잘 부탁합니다.

こちらこそどうぞよろしく。

고찌라꼬소 도-조 요로시꾸

잘 부탁드립니다.

どうぞよろしくお願いします。

도-조 요로시꾸 오네가이시마스

뵙게 되어 기쁩니다.

おめにかかれてうれしいです。

오메니카까레떼 우레시-데스

뵙게 되어 영광입니다.

おめにかかれて光栄です。

오메니카까레떼 코-에-데스

Conversation

A: はじめまして。どうぞよろしく。

B: お会いできてうれしいです。

처음 뵙겠습니다. 잘 부탁드립니다.
만나서 반갑습니다.

오랜만에 만났을 때

오랜만이군요.

おひさしぶりですね。
오히사시부리데스네

오래간만입니다.

しばらくでした。
시바라꾸데시다

오랫동안 격조했습니다.

長らくごぶさたしております。
나가라꾸 고부사따시떼 오리마스

뵙고 싶었어요.

お会いしたかったんです。
오아이시타깟딴데스

그동안 어떻게 지냈어요?

その後どうでしたか。
소노고 도-데시다까

별고 없으셨지요?

おかわりありませんでしたか。
오까와리 아리마센데시다까

A: おひさしぶりですね。

B: 田中くん、ひさしぶりだね。

오랜만이군요.
다나카, 오랜만이야.

>> 녹음을 듣고 소리내어 읽어볼까요?

<< **듣기** >>

안녕히 가세요(계세요).

さようなら。

사요-나라

안녕히 가세요.

ごきげんよう。

고끼겡요-

그럼, 또 내일 봐요.

では、またあした。

데와, 마따 아시따

그럼, 또 봐.

じゃ、またね。

쟈, 마따네

또 만나요.

また会いましょう。

마따 아이마쇼-

모두에게 안부 전해 주세요.

みなさまによろしく。

미나사마니 요로시꾸

Conversation

A: ごきげんよう。
B: さようなら。また会う日まで。

안녕.
다시 만날 때까지 안녕.

 고마울 때

<< 듣기 >>

고마워요.

ありがとう。

아리가또-

대단히 고맙습니다.

どうもありがとうございます。

도-모 아리가또- 고자이마스

그동안 감사했습니다.

今までありがとうございました。

이마마데 아리가또- 고자이마시다

여러 가지로 신세가 많았습니다.

いろいろおせわになりました。

이로이로 오세와니 나리마시다

천만에요.

どういたしまして。

도- 이따시마시떼

저야말로.

こちらこそ。

고찌라꼬소

Conversation

A: ほんとうにありがとうございます。

B: どういたしまして。

정말로 고맙습니다.
천만에요.

미안할 때

미안해요.

ごめんなさい。

고멘나사이

죄송합니다.

申しわけありません。

모-시와께 아리마셍

늦어서 미안해요.

遅れてすみません。

오꾸레떼 스미마셍

기다리게 해서 죄송합니다.

お待たせしてすみませんでした。

오마따세시떼 스미마센데시다

실례했습니다.

失礼しました。

시쯔레-시마시다

괜찮아요.

いいんですよ。

이인데스요

Conversation

A: あっ、ごめんなさい。大丈夫ですか。

B: ええ、わたしは大丈夫です。

앗, 미안해요. 괜찮으세요?

예, 저는 괜찮아요.

>> 녹음을 듣고 소리내어 읽어볼까요?   《 듣기 》

축하해요.

おめでとう。

오메데또-

축하합니다.

おめでとうございます。

오메데또- 고자이마스

진심으로 축하드립니다.

こころからお祝い申し上げます。
いわ　　　　もう　　あ

고꼬로까라 오이와이 모-시아게마스

생일 축하해.

お誕生日おめでとう。
たんじょうび

오딴죠-비 오메데또-

축하해요. 다행이네요.

おめでとう。よかったですね。

오메데또-. 요캇따데스네

당신 덕분입니다.

あなたのおかげです。

아나따노 오까게데스

Conversation

A: 誕生日おめでとう。
　　たんじょうび

B: ありがとう。

생일 축하해.
고마워.

>> 녹음을 듣고 소리내어 읽어볼까요?   << 듣기 >>

어서 오세요!

いらっしゃい!

이랏샤이

자 들어오십시오!

どうぞお入りください!

도-조 오하이리 구다사이

대환영입니다.

大歓迎です。

다이캉게-데스

잘 오셨습니다.

ようこそおいでくださいました。

요-꼬소 오이데 구다사이마시다

진심으로 환영합니다.

こころより歓迎いたします。

고꼬로요리 캉게- 이따시마스

꼭 오십시오.

ぜひいらしてください。

제히 이라시떼 구다사이

Conversation

A: ようこそ韓国へ。

B: はい、どうも。

한국에 잘 오셨습니다.
네, 고마워요.

● 대화 내용의 녹음을 듣고 우리말을 일본어로 말해 보세요.

Unit 01

A: 오늘은 날씨가 좋군요.

B: ほんとうにそうですね。

Unit 02

A: いってらっしゃい。

B: 다녀오겠습니다.

Unit 03

A: お元気ですか。

B: はい、 덕분에 잘 지냅니다.

Unit 04

A: はじめまして。どうぞよろしく。

B: 만나서 반갑습니다.

Unit 05

A: 오랜만이군요.

B: 田中くん、ひさしぶりだね。

Unit 06

A: ごきげんよう。

B: 다시 만날 때까지 안녕.

Unit 07

A: 정말로 고맙습니다.

B: どういたしまして。

Unit 08

A: あっ、 미안해요. 괜찮으세요?

B: ええ、わたしは大丈夫です。

Unit 09

A: 생일 축하해.

B: ありがとう。

Unit 10

A: 한국에 잘 오셨습니다.

B: はい、どうも。

02

PART

基本表現

✿ 만만하게
✿ 눈으로 읽고
✿ 귀로 듣고
✿ 입으로 소리내어 말한다!

대화

사람을 부를 때

>> 녹음을 듣고 소리내어 읽어볼까요?   << 듣기 >>

저기요.

あのね。

아노네

이봐. 어딜 가는 거야?

おい、どこへ行くんだ。

오이, 도꼬에 이꾼다

저, 미안합니다.

あの、すみません。

아노, 스미마셍

여보세요.

もしもし。

모시모시

잠깐 실례해요.

ちょっとすみません。

촛또 스미마셍

잠깐만요.

ちょっと待って。

촛또 맛떼

Conversation

A: あのう、吉村さん。

B: はい、田中さん。どうしました?

저─, 요시무라 씨!
네, 다나카 씨. 무슨 일이죠?

맞장구칠 때

>> 녹음을 듣고 소리내어 읽어볼까요? 《 듣기 》

맞아요.

そのとおりです。

소노 도-리데스

그러면 좋겠군요.

そうだといいですね。

소-다또 이-데스네

그랬어요?

そうでしたか。

소-데시다까

그래요, 그거 안됐군요.

そうですか、それはいけませんね。

소-데스까, 소레와 이께마센네

그래요, 몰랐어요.

そうですか、知りませんでした。

소-데스까, 시리마센데시다

나도 그렇게 생각해요.

わたしもそう思いますね。

와따시모 소- 오모이마스네

Conversation

A: そのとおりですね。

B: そうですよ。おっしゃるとおりです。

그래 맞아요.
그래요. 맞는 말씀입니다.

Unit 03 되물을 때

>> 녹음을 듣고 소리내어 읽어볼까요?   << 듣기 >>

네?

はい?

하이

뭐라고요?

なんですって?

난데슷떼

뭐요?

なに?

나니

뭐라고 하셨어요?

なんとおっしゃいましたか。

난또 옷샤이마시다까

무슨 일이에요?

なんでしょうか。

난데쇼-까

저 말이에요?

わたしのことですか。

와따시노 고또데스까

Conversation

A: なんですって?
B: だから、言ったじゃないの。
　　뭐라고요?
　　그러니까, 말했잖아.

>> 녹음을 듣고 소리내어 읽어볼까요?

<< 듣기 >>

하나 더 질문이 있습니다.

もうひとつ、質問があります。
しつもん

모- 히또쯔, 시쯔몽가 아리마스

그건 무슨 뜻이에요?

それはどういう意味ですか。
い み

소레와 도-유- 이미데스까

네, 그래요.

はい、そうです。

하이, 소-데스

네, 알겠어요.

はい、わかりました。

하이, 와까리마시다

아뇨, 그렇지 않아요.

いいえ、そうじゃありません。

이-에, 소-쟈 아리마셍

아뇨, 달라요.

いいえ、ちがいます。

이-에, 치가이마스

Conversation

A: もうひとつ、質問があります。
しつもん
B: はい、何ですか。
なん

하나 더 질문이 있습니다.
네, 뭐죠?

부탁할 때

<< 녹음을 듣고 소리내어 읽어볼까요? >> 《 듣기 》

부탁드려도 될까요?

お願いしてもいいですか。

오네가이시떼모 이-데스까

부탁이 있는데요.

お願いがあるんですが。

오네가이가 아룬데스가

잠깐 괜찮아요?

ちょっといいですか。

촛또 이-데스까

좀 도와줄래요?

ちょっと手伝ってくれますか。

촛또 데쓰닷떼 구레마스까

예, 그러세요.

ええ、どうぞ。

에-, 도-조

좀 생각해 볼게요.

ちょっと考えておきます。

촛또 강가에떼 오끼마스

Conversation

A: わたしが案内しましょう。

B: どうも、よろしければお願いします。

내가 안내할게요.
고마워요, 괜찮다면 부탁할게요.

제안이 하나 있는데요.

ひとつ提案があるんですが。

히토쯔 테-앙가 아룬데스가

좋은 생각이 있는데요.

いい考えがあるんですが。

이- 강가에가 아룬데스가

이런 식으로 해보면 어떨까요?

こんなふうにしてみたらどうですか。

곤나 후-니 시떼 미따라 도-데스까

이건 어떻습니까?

これはいかがですか。

고레와 이까가데스까

물론이죠.

もちろんです。

모찌론데스

아뇨, 됐어요.

いいえ、けっこうです。

이-에, 겍꼬-데스

Conversation

A: お茶をどうぞ。
B: これは何のお茶ですか。

차 좀 드세요.
이건 무슨 차예요?

>> 녹음을 듣고 소리내어 읽어볼까요?   << 듣기 >>

이제 알겠어요?

これでわかりますか。

고레데 와까리마스까

말하는 것을 알겠어요?

言っていることがわかりますか。

잇떼이루 고또가 와까리마스까

그렇군요, 알겠어요.

なるほど、わかります。

나루호도, 와까리마스

모르겠어요.

わかりません。

와까리마셍

잘 모르겠어요.

よくわからないのです。

요꾸 와까라나이노데스

정말로 몰라요.

ほんとうに知らないんです。

혼또-니 시라나인데스

Conversation

A: ここまでわかりましたか。
B: はい、わかりました。もう少し進んでください。

여기까지 알겠어요?
네, 알았어요. 좀 더 하세요.

의견을 묻고 답할 때

>> 녹음을 듣고 소리내어 읽어볼까요? ≪ 듣기 ≫

당신은 어떻게 생각하세요?

あなたはどう思いますか。

아나따와 도- 오모이마스까

당신의 의견은 어때요?

あなたの意見はどうですか。

아나따노 이껨와 도-데스까

제 생각을 말할게요.

わたしの考えを言わせてください。

와따시노 강가에오 이와세떼 구다사이

제 의견을 말씀드릴게요.

わたしの意見を申し上げます。

와따시노 이껭오 모-시아게마스

그렇게 생각해요.

そう思います。

소- 오모이마스

그렇게 생각하지 않아요.

そう思いません。

소- 오모이마셍

Conversation

A: あなたはどう思いますか。

B: わたしも同感です。

당신은 어떻게 생각하세요?
저도 같은 생각이에요.

허락을 요청할 때

안에 들어가도 될까요?

中へ入ってもいいですか。

나까에 하잇떼모 이-데스까

여기서 담배를 피워도 될까요?

ここでたばこを吸ってもいいですか。

고꼬니 다바꼬오 슷떼모 이-데스까

저걸 좀 보여 줄래요?

あれをちょっと見せてもらえますか。

아레오 촛또 미세떼 모라에마스까

미안해요. 잠깐 지나갈게요.

すみません。ちょっと通らせてください。

스미마셍. 촛또 도오라세떼 구다사이

예, 하세요.

ええ、どうぞ。

에-, 도-조

그건 좀 곤란한데요.

それはちょっと困るんですが。

소레와 촛또 고마룬데스가

Conversation

A: 写真を撮らせてもらってもいいですか。

B: はい。ぜひ撮ってください。

사진을 찍어도 되겠습니까?
예, 어서 찍으세요.

찬성하거나 반대할 때

>> 녹음을 듣고 소리내어 읽어볼까요?

<< 듣기 >>

그거 좋은 아이디어이군요.

それはいいアイディアですね。

소레와 이- 아이디아데스네

나도 그렇게 생각해요.

わたしもそう思います。

와따시모 소- 오모이마스

아뇨, 난 그렇게 생각하지 않아요.

いいえ、わたしはそうは思いません。

이-에, 와따시와 소-와 오모이마셍

그건 제 생각과는 달라요.

それはわたしの考えとはちがいます。

소레와 와따시노 강가에또와 치가이마스

미안하지만, 난 찬성할 수 없어요.

悪いけど、わたしは賛成できません。

와루이께도, 와따시와 산세-데끼마셍

그건 절대로 무리예요.

それは絶対に無理ですよ。

소레와 젯따이니 무리데스요

Conversation

A: この計画はそのまま進めてください。

B: はい、かしこまりました。

이 계획은 그대로 진행하세요.
네, 잘 알겠습니다.

● 대화 내용의 녹음을 듣고 우리말을 일본어로 말해 보세요.

Unit 01

A: 저—, 요시무라 씨!

B: はい、田中（たなか）さん。どうしました
た?

Unit 02

A: 그래 맞아요.

B: そうですよ。おっしゃるとお
りです。

Unit 03

A: 뭐라고요?

B: だから、言（い）ったじゃないの。

Unit 04

A: もうひとつ、질문이 있습니다.

B: はい、何（なん）ですか。

Unit 05

A: わたしが案内（あんない）しましょう。

B: どうも、괜찮다면 부탁할게요.

Unit 06

A: 차 좀 드세요.

B: これは何（なん）のお茶（ちゃ）ですか。

Unit 07

A: 여기까지 알겠어요?

B: はい、わかりました。もう少（すこ）
し進（すす）んでください。

Unit 08

A: 당신은 어떻게 생각하세요?

B: わたしも同感（どうかん）です。

Unit 09

A: 사진을 찍어도 되겠습니까?

B: はい。ぜひ撮（と）ってください。

Unit 10

A: この計画（けいかく）はそのまま進（すす）めてく
ださい。

B: 네, 잘 알겠습니다.

03 PART

基本表現

✿ 만만하게
✿ 눈으로 읽고
✿ 귀로 듣고
✿ 입으로 소리내어 말한다!

자기소개

개인 신상에 대해 말할 때

생일은 언제이세요?

お誕生日はいつですか。

오딴죠-비와 이쯔데스까

올해 몇이세요?

今年、おいくつですか。

고또시, 오이꾸쯔데스까

어느 나라 사람이세요?

お国はどちらですか。

오꾸니와 도찌라데스까

어디에서 자랐어요?

どこで育ちましたか。

도꼬데 소다찌마시다까

무슨 종교를 가지고 계세요?

どの宗教をお持ちですか。

도노 슈-꾜-오 오모찌데스까

앞으로 무엇이 되고 싶으세요.

将来、何になりたいんですか。

쇼-라이, 나니니 나리따인데스까

Conversation

A: わたしはいくつに見えますか。

B: およそ30前後でしょうね。

제가 몇 살로 보이세요?

대략 서른 안팎 같은데요.

가족에 대해 말할 때

<< 듣기 >>

가족은 몇 분이세요?

何人家族ですか。

난닝 카조꾸데스까

형제자매는 있으세요?

兄弟姉妹はおありですか。

쿄-다이 시마이와 오아리데스까

형제는 몇 명이세요?

ご兄弟は何人ですか。

고쿄-다이와 난닌데스까

부모님과 남동생이 있습니다.

両親とおとうとがいます。

료-신또 오또-또가 이마스

우리집은 대가족입니다.

うちは大家族です。

우찌와 다이카조꾸데스

아직 아이는 없어요.

まだ子供はいません。

마다 고도모와 이마셍

Conversation

A: 何人家族ですか。

B: 4人家族です。両親といもうととわたしです。

가족은 몇 분이세요?
네 식구입니다. 부모님과 여동생과 저입니다.

Unit 03 학교에 대해 말할 때

>> 녹음을 듣고 소리내어 읽어볼까요?

《《 듣기 》》

어느 학교를 나왔어요?

どちらの学校を出ましたか。

도찌라노 각꼬-오 데마시다까

어느 대학을 다니고 있어요?

どちらの大学に行っていますか。

도찌라노 다이가꾸니 잇떼 이마스까

전공은 무엇이에요?

専攻は何ですか。

셍꼬-와 난데스까

무엇을 전공하셨어요?

何を専攻なさいましたか。

나니오 셍꼬- 나사이마시다까

몇 학년이에요?

何年生ですか。

난넨세-데스까

학생이세요?

学生さんですか。

각세-산데스까

Conversation

A: **大学で何を専攻したのですか。**

B: **経営学です。**

대학에서 무엇을 전공했나요?

경영학입니다.

>> 녹음을 듣고 소리내어 읽어볼까요?

<< 듣기 >>

무슨 동아리에 들었어요?

何のクラブに入ってるんですか。

난노 쿠라부니 하잇떼룬데스까

무슨 아르바이트를 하죠?

何のアルバイトをしているんですか。

난노 아루바이토오 시떼 이룬데스까

언제부터 중간고사가 시작되어요?

いつから中間テストが始まりますか。

이쯔까라 츄-깐 테스토가 하지마리마스까

내일부터 기말시험이에요.

あしたから期末試験です。

아시타까라 기마쯔시껨데스

이번 시험은 어땠어요?

今度の試験はどうでしたか。

곤도노 시껨와 도-데시다까

졸업하면 어떻게 할 거예요?

卒業したらどうするんですか。

소쯔교-시따라 도- 스룬데스까

Conversation

A: 今度の試験はどうでしたか。
B: 思ったよりなかなか難しかったですよ。

이번 시험은 어땠어요?
생각보다 상당히 어려웠어요.

직장에 대해 말할 때

당신은 회사원이세요?

あなたは会社員ですか。

아나따와 카이샤인데스까

어느 회사에 근무하세요?

どの会社に勤めていますか。

도노 카이샤니 쓰또메떼 이마스까

사무실은 어디에 있어요?

オフィスはどこですか。

오휘스와 도꼬데스까

회사는 어디에 있어요?

会社はどこにあるんですか。

카이샤와 도꼬니 아룬데스까

이 회사에 근무합니다.

この会社に勤めています。

고노 카이샤니 쓰또메떼 이마스

이 회사에서 영업을 하고 있습니다.

この会社で営業をやっています。

고노 카이샤데 에-교-오 얏떼 이마스

Conversation

A: どのような会社で働いているのですか。
B: 貿易会社で働いています。

어떤 회사에서 일하세요?
무역회사에서 일하고 있습니다.

직장생활에 대해 말할 때

>> 녹음을 듣고 소리내어 읽어볼까요?

<< 듣기 >>

자, 일을 시작합시다.

さあ、仕事を始めましょう。

사-, 시고또오 하지메마쇼-

잠깐 쉽시다.

ひと休みしましょう。

히또야스미 시마쇼-

곧 점심시간이에요.

そろそろ昼食の時間ですよ。

소로소로 츄-쇼꾸노 지깐데스요

먼저 갈게요.

おさきに失礼します。

오사끼니 시쯔레-시마스

수고하셨습니다. 내일 또 봐요!

おつかれさまでした。またあした！

오쓰까레사마데시다. 마따 아시따

퇴근길에 식사라도 할까요?

帰りに食事でもしましょうか。

가에리니 쇼꾸지데모 시마쇼-까

Conversation

A: 休暇のときはなにをするつもりですか。

B: まだ決めていません。

휴가 때는 무얼 할 생각이세요?

아직 정하지 않았어요.

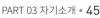

>> 녹음을 듣고 소리내어 읽어볼까요?　　　《 듣기 》

어디에 사세요?

お住<small>す</small>まいはどちらですか。

오스마이와 도찌라데스까

어느 동네에 사세요?

どこの町<small>まち</small>にお住<small>す</small>まいですか。

도꼬노 마찌니 오스마이데스까

댁은 몇 번지이세요?

お宅<small>たく</small>は何番地<small>なんばんち</small>ですか。

오타꾸와 남반찌데스까

직장에서 가까워요?

お勤<small>つと</small>めからは近<small>ちか</small>いですか。

오쓰또메까라와 치까이데스까

원룸 맨션에 살고 있나요?

ワンルームマンションに住<small>す</small>んでいますか。

완루-무 만숀니 슨데이마스까

댁은 어떤 집이세요?

お宅<small>たく</small>はどんな家<small>いえ</small>ですか。

오타꾸와 돈나 이에데스까

Conversation

A: 来月<small>らいげつ</small>、いけぶくろに引<small>ひ</small>っ越<small>こ</small>します。
B: すごいですね。家<small>いえ</small>を買<small>か</small>いましたか。

다음 달, 이케부쿠로로 이사해요.
대단하네요. 집을 샀어요?

Unit 08 연애에 대해 말할 때

우리들은 사이가 좋아요.

わたしたちは仲^{なか}よしです。

와따시타찌와 나까요시데스

그녀는 그저 친구예요.

彼女^{かのじょ}はほんの友達^{ともだち}ですよ。

가노죠와 혼노 도모타찌데스요

이성 친구는 있어요?

異性^{いせい}の友達^{ともだち}はいますか。

이세-노 도모타찌와 이마스까

남자 친구가 있어요?

ボーイフレンドがいますか。

보-이후렌도가 이마스까

나를 어떻게 생각해요?

わたしのことをどう思^{おも}っていますか。

와따시노 고또오 도- 오못떼 이마스까

나와 사귀지 않을래요?

わたしとつき合^あってくれませんか。

와따시또 쓰끼앗떼 구레마셍까

Conversation

A: 彼^{かれ}のことを考^{かんが}えると、とてもせつなくなるの。

B: それは恋^{こい}かもね。

그를 생각하면 아주 절실해져.
그게 사랑일지도 몰라.

결혼에 대해 말할 때

어떤 여자를 좋아하세요?

どんな女性が好きですか。
じょせい　す

돈나 죠세-가 스끼데스까

어떤 사람과 결혼하고 싶으세요?

どんな人と結婚したいですか。
ひと　けっこん

돈나 히토또 겍꼰시따이데스까

결혼했어요, 독신이세요?

結婚してますか、独身ですか。
けっこん　どくしん

겍꼰시떼 마스까, 도꾸신데스까

언제 그와 결혼하세요?

いつ彼と結婚しますか。
かれ　けっこん

이쯔 가레또 겍꼰시마스까

신혼여행은 하와이로 갈 거예요.

新婚旅行はハワイへ行きます。
しんこんりょこう　い

싱꼰료꼬-와 하와이에 이끼마스

몇 살에 결혼하고 싶습니까?

いくつで結婚したいと思いますか。
けっこん　おも

이꾸쯔데 겍꼰시따이또 오모이마스까

Conversation

A: 彼女と結婚することにしたよ。
かのじょ　けっこん

B: そうか。よく決心したね。おめでとう。
けっしん

그녀와 결혼하기로 했어.
그래? 잘 결심했어. 축하해.

>> 녹음을 듣고 소리내어 읽어볼까요?   << 듣기 >>

아이는 몇 명 갖고 싶으세요?

お子さんは何人ほしいですか。

오꼬상와 난닝 호시-데스까

예정일은 언제이세요?

予定日はいつですか。

요떼-비와 이쯔데스까

아기는 남자예요, 여자예요.

赤ん坊は男ですか、女ですか。

아깜보-와 오또꼬데스까, 온나데스까

우리들은 자주 싸워요.

わたしたちはよくけんかするんですよ。

와따시다찌와 요꾸 겡까스룬데스요

지금 아내와 별거하고 있어요.

いま、妻と別居しているんです。

이마, 쓰마또 벡꾜시떼 이룬데스

이혼했습니다.

離婚しています。

리꼰시떼 이마스

Conversation

A: 今年、金婚式なんですよ。

B: そうですか。それはおめでとうございます。

올해 금혼식이에요.
그렇습니까? 축하드립니다.

● 대화 내용의 녹음을 듣고 우리말을 일본어로 말해 보세요.

Unit 01

A: 제가 몇 살로 보이세요?

B: およそ30前後でしょうね。

Unit 02

A: 가족은 몇 분이세요?

B: 4人家族です。両親といもうととわたしです。

Unit 03

A: 대학에서 무엇을 전공했나요?

B: 経営学です。

Unit 04

A: 이번 시험은 어땠어요?

B: 思ったよりなかなか難しかったですよ。

Unit 05

A: 어떤 회사에서 일하세요?

B: 貿易会社で働いています。

Unit 06

A: 휴가 때는 무얼 할 생각이세요?

B: まだ決めていません。

Unit 07

A: 来月、이케부쿠로 이사해요.

B: すごいですね。家を買いましたか。

Unit 08

A: 彼のことを考えると、とてもせつなくなるの。

B: 그게 사랑일지도 몰라.

Unit 09

A: 그녀와 결혼하기로 했어.

B: そうか。よく決心したね。おめでとう。

Unit 10

A: 今年、金婚式なんですよ。

B: 그렇습니까? 축하드립니다.

04

PART

基本表現

✿ 만만하게
✿ 눈으로 읽고
✿ 귀로 듣고
✿ 입으로 소리내어 말한다!

감정

행복과 행운을 빌 때

 듣기

부디 행복하세요.

どうぞおしあわせに。

도-조 오시아와세니

행복을 빌게요.

しあわせを祈ります。

시아와세오 이노리마스

내내 행복하시기를.

いつまでも幸福でありますように。

이쯔마데모 코-후꾸데 아리마스요-니

새해 복 많이 받으세요.

あけましておめでとうございます。

아께마시떼 오메데또- 고자이마스

여러분, 새해 복 많이 받으세요.

みなさん、新年おめでとう。

미나상, 신넹 오메데또-

행운을 빌겠습니다.

幸運を祈ります。

코-웅오 이노리마스

Conversation

A: あたった!

B: ほんとうに? それはおめでとう。
당첨됐어!
정말이니? 그거 축하해.

기쁘거나 즐거울 때

>> 녹음을 듣고 소리내어 읽어볼까요?

<< 듣기 >>

정말 기쁘네요.

ほんとうにうれしいですね。

혼또-니 우레시-데스네

무척 즐거워요.

とても楽^{たの}しいですよ。

도떼모 다노시-데스요

기분 최고예요.

最高^{さいこう}の気分^{きぶん}ですよ。

사이꼬-노 기분데스요

이렇게 기쁜 일은 없어요.

これほどうれしいことはありません。

고레호도 우레시- 고또와 아리마셍

꿈꾸고 있는 것 같아요.

夢見^{ゆめみ}てるようです。

유메미떼루 요-데스

기뻐서 말이 안 나와요.

うれしくてことばになりません。

우레시꾸떼 고또바니 나리마셍

Conversation

A: 来^きていただいて、ほんとにうれしかったです。

B: わたしも、きょうは楽^{たの}しかったです。

와 주셔서 정말 기뻤습니다.
저도 오늘 즐거웠어요.

>> 녹음을 듣고 소리내어 읽어볼까요? << 듣기 >>

정말로 멋지군요.

ほんとうにすばらしいですね。

혼또-니 스바라시-데스네

야, 굉장하군요.

いや、すごいですね。

이야, 스고이데스네

정말 훌륭한 사람이군요.

ほんとうにえらい人ですね。

혼또-니 에라이 히또데스네

대단하군요.

大したもんですね。

다이시따몬데스네

훌륭합니다.

お見事です。

오미고또데스

칭찬해 주셔서 고마워요.

お誉めいただいてありがとう。

오호메 이따다이떼 아리가또-

Conversation

A: 新しいネクタイ、とても似合いますよ。

B: そう言ってくれてうれしいですね。

새 넥타이 잘 어울려요.
그렇게 말해 주니 기쁘네요.

Unit 04 실망하거나 낙담할 때

정말 유감이군요.

ほんとうに残念ですね。

혼또-니 잔넨데스네

실망이에요.

がっかりですよ。

각까리데스요

실망하지 마요.

がっかりしないでよ。

각까리 시나이데요

이미 포기했어요.

もうあきらめたんですよ。

모- 아끼라메딴데스요

어쩔 도리가 없어요.

どうしようもないですよ。

도- 시요-모 나이데스요

이제 방법이 없어요.

もう仕方がないですよ。

모- 시카따가 나이데스요

Conversation

A: もうどうしようもないよ。
B: また機会があるから、まだあきらめるなよ。

이제 어쩔 도리가 없어
아직 기회가 있으니까 아직 포기하지 마.

Unit 05 후회할 때

후회하고 있어요.

後悔しているんですよ。

코-까이시떼 이룬데스요

이제 되돌릴 수가 없어요.

もう取り返しがつかないですよ。

모- 도리까에시가 쓰까나이데스요

그런 짓을 하지 않았으면 좋았을 텐데.

あんなことしなければよかったのに。

안나 고또 시나께레바 요깟따노니

바보 같은 짓을 하고 말았어요.

ばかなことをしてしまったんですよ。

바까나 고또오 시떼 시맛딴데스요

내가 한 일을 후회하고 있어.

自分のしたことを後悔している。

지분노 시따 고또오 코-까이시떼 이루

후회하지 말아요.

後悔しないでください。

코-까이시나이데 구다사이

A: あんなことをするんじゃなかったんですよ。

B: どうしてあんなことをしたんですか。

그런 짓을 하는 게 아니었어요.
어째서 그런 일을 했어요?

화날 때

열 받아.

あたまにきたよ。

아따마니 기따요

정말 화가 나.

ほんとうに腹が立つよ。

혼또-니 하라가 다쯔요

바보 취급하지 마요!

ばかにしないでよ！

바까니 시나이데요

더 이상 참을 수 없어요.

もう我慢できないんですよ。

모- 가만 데끼나인데스요

진정해요!

落ち着いて！

오찌쓰이떼

화낼 필요는 없습니다.

おこる必要はありません。

오꼬루 히쯔요-와 아리마셍

Conversation

A: あたまにきたよ。
B: その気持ちはよくわかります。

열 받네.
그 기분은 잘 알겠습니다.

슬프거나 외로울 때

>> 녹음을 듣고 소리내어 읽어볼까요?

<< 듣기 >>

왠지 슬프군요.

なんだか悲しいですね。

난다까 가나시-데스네

정말로 상처받았어요.

ほんとうに傷ついたんですよ。

혼또-니 기즈쓰이딴데스요

오늘은 쓸쓸하군요.

きょうはさびしいですね。

쿄-와 사비시-데스네

난 늘 외로워요.

わたしはいつも孤独です。

와따시와 이쯔모 고도꾸데스

아무 것도 할 마음이 안 생겨요.

なにもやる気がおきません。

나니모 야루 키가 오끼마셍

왜 우울하세요?

どうしてゆううつですか。

도-시떼 유-우쯔데스까

Conversation

A: きょうはゆううつだ。

B: どうしてゆううつなの?

오늘은 우울해.
왜 우울한데?

놀랍거나 무서울 때

>> 녹음을 듣고 소리내어 읽어볼까요?

<< 듣기 >>

깜짝 놀랐어요.

びっくりしましたよ。

빅꾸리시마시다요

그럴 리가 없어요.

そんなはずはありません。

손나 하즈와 아리마셍

그거 놀랍군요.

それはおどろきましたね。

소레와 오도로끼마시다네

놀라게 하지 마세요.

びっくりさせないでよ。

빅꾸리 사세나이데요

정말로 무섭군요.

ほんとうにおそろしいですね。

혼또-니 오소로시-데스네

뒤탈이 무서워요.

あとのたたりがおそろしいですよ。

아또노 다따리가 오소로시-데스요

Conversation

A: 大丈夫ですか。
<small>だいじょうぶ</small>

B: ええ、ちょっとびっくりしただけです。

괜찮아요?
예, 좀 놀랐을 뿐이에요.

걱정하거나 위로할 때

>> 녹음을 듣고 소리내어 읽어볼까요?

<< 듣기 >>

괜찮아요?

大丈夫ですか。

다이죠-부데스까

어디 몸이 불편하세요?

どこか具合が悪いんですか。

도꼬까 구아이가 와루인데스까

무리하지 않는 게 좋겠어요.

無理しないほうがいいですよ。

무리시나이 호-가 이-데스요

기분은 어때요?

気分はどうですか。

기붕와 도-데스까

무슨 걱정거리라도 있어요?

何か心配事でもありますか。

나니까 심빠이고또데모 아리마스까

무슨 일이 있었어요?

何かあったんですか。

나니까 앗딴데스까

Conversation

A: どうかしたの？ 元気なさそうだな。

B: いや、べつに。

무슨 일 있니? 힘이 없어 보이는데.
아니, 별로.

좋고 싫음을 나타낼 때

>> 녹음을 듣고 소리내어 읽어볼까요? ‹‹ 듣기 ››

당신은 무엇을 가장 좋아하세요?

あなたは何がいちばん好きですか。

아나따와 나니가 이찌반 스끼데스까

커피를 좋아하십니까?

コーヒーがお好きですか。

코-히-가 오스끼데스까

왜 그를 싫어해요?

どうして彼が嫌いですか。

도-시떼 가레가 기라이데스까

이 바지 마음에 들어요?

このズボン、気に入っているんですか。

고노 즈봉, 기니 잇떼 이룬데스까

그건 별로 안 좋아해요.

それはあんまり好きじゃないんですよ。

소레와 암마리 스끼쟈 나인데스요

이거 그다지 마음에 들지 않아요.

これ、あまり気に入らないんです。

고레, 아마리 기니 이라나이나인데스

Conversation

A: わたしは歩くのが好きです。
B: 今度いっしょに歩きませんか。

나는 걷는 것을 좋아해요.
다음에 같이 걸을까요?

• 대화 내용의 녹음을 듣고 우리말을 일본어로 말해 보세요.

Unit 01

A: 당첨됐어!

B: ほんとうに? それはおめでとう。

Unit 02

A: 来ていただいて、ほんとにうれしかったです。

B: わたしも、 오늘 즐거웠어요.

Unit 03

A: 새 넥타이 잘 어울려요.

B: そう言ってくれてうれしいですね。

Unit 04

A: もうどうしようもないよ。

B: また機会があるから、 아직 포기하지 마.

Unit 05

A: あんなことをするんじゃなかったんですよ。

B: 어째서 그런 일을 했어요?

Unit 06

A: 열 받네.

B: その気持ちはよくわかります。

Unit 07

A: 오늘은 우울해.

B: どうしてゆううつなの?

Unit 08

A: 大丈夫ですか。

B: ええ、 좀 놀랐을 뿐이에요.

Unit 09

A: 무슨 일 있니? 元気なさそうだな。

B: いや、 べつに。

Unit 10

A: 나는 걷는 것을 좋아해요.

B: 今度いっしょに歩きませんか。

05 PART

基本表現

✿ 만만하게
✿ 눈으로 읽고
✿ 귀로 듣고
✿ 입으로 소리내어 말한다!

화제

오늘 기분은 어때요?

きょうの気分はどうですか。

쿄-노 기붕와 도-데스까

기운이 없어 보이네요.

元気がないようですね。

겡끼가 나이요-데스네

어디 편찮으세요?

ご気分でも悪いんですか。

고키분데모 와루인데스까

어디가 안 좋으세요?

どこが悪いんですか。

도꼬가 와루인데스까

늘 운동하세요?

いつも運動していますか。

이쯔모 운도-시떼 이마스까

요즘 운동 부족이에요.

このところ運動不足です。

고노도꼬로 운도-부소꾸데스

Conversation

A: **お体の具合はもうよろしいですか。**

B: **ええ、だいぶよくなりました。**

건강은 이제 괜찮으세요?
네, 많이 좋아졌어요.

성격에 대해 말할 때

당신의 성격이 어떻다고 생각하세요?

あなたの性格はどんなだと思いますか。

아나따노 세-카꾸와 돈나다또 오모이마스까

친구는 잘 사귀는 편이세요?

友達はすぐできるほうですか。

도모다찌와 스구 데끼루 호-데스까

당신은 외향적이라고 생각하세요?

あなたは外向的だと思いますか。

아나따와 가이꼬-테끼다또 오모이마스까

남자 친구는 소극적인 성격이에요.

彼はひっこみ思案のほうです。

카레와 힉꼬미지안노 호-데스

여자 친구는 성격이 급한 편이에요.

彼女は気が短いほうです。

가노죠와 기가 미지까이 호-데스

남자 친구는 장난기가 좀 있어요.

彼はちょっといたずらっ気があります。

카레와 춋또 이따즈락께가 아리마스

Conversation

A: 友達はすぐできるほうですか。
B: いいえ、あまり社交的ではありません。

친구는 잘 사귀는 편이세요?
아뇨, 그다지 사교적이 아니에요.

식성과 맛에 대해 말할 때

>> 녹음을 듣고 소리내어 읽어볼까요?

《《 듣기 》》

요즘 별로 식욕이 없어요.

このごろあまり食欲_{しょくよく}がありません。

고노고로 아마리 쇼꾸요꾸가 아리마셍

맛은 어때요?

味_{あじ}はどうですか。

아지와 도-데스까

정말로 맛있군요.

ほんとうにおいしいですね。

혼또-니 오이시-데스네

이 요리 맛있네요.

この料理_{りょうり}、うまいですね。

고노 료-리, 우마이데스네

이건, 맛이 없어요.

これ、まずいですよ。

고레, 마즈이데스요

아쉽지만 입에 안 맞아요.

残念_{ざんねん}ながら口_{くち}に合_あいません。

잔넨나가라 구찌니 아이마셍

Conversation

A: これ、味_{あじ}はどうですか。

B: けっこうおいしいですよ。

이거 맛이 어때요?
정말 맛있어요.

외모에 대해 말할 때

키가 어떻게 돼요?

背はどのくらいありますか。
せ

세와 도노쿠라이 아리마스까

몸무게는 어떻게 돼요?

体重はどのくらいですか。
たいじゅう

타이쥬-와 도노쿠라이데스까

좀 살이 찐 것 같아요.

ちょっと太りすぎてるようです。
ふと

춋또 후또리스기떼루 요-데스

눈이 예쁘고 귀여운 여자가 좋아요.

目がきれいなかわいい女の子が好きです。
め　　　　　　　おんな　こ　　す

메가 기레이나 가와이- 온나노 꼬가 스끼데스

남자 친구는 미남이에요.

彼はハンサムです。
かれ

가레와 한사무데스

난 아버지를 많이 닮았어요.

わたしは父によく似ています。
ちち　　　　に

와따시와 치찌니 요꾸 니떼 이마스

Conversation

A: 彼女はかわいい？
　　かのじょ

B: うん。美しいというよりむしろかわいい女だよ。
　　　うつく　　　　　　　　　　　　　おんな

여자 친구는 귀엽니?
응, 아름답다기보다는 오히려 사랑스런 여자야.

옷차림에 대해 말할 때

오늘은 무얼 입고 갈까?

きょうは何を着て行こうかな。

쿄-와 나니오 기떼 이꼬-까나

이 셔츠와 이 넥타이는 안 어울릴까?

このシャツとこのネクタイは合わないかな。

고노 샤츠또 고노 네쿠타이와 아와나이까나

옷에 맞는 가방이 없어요.

洋服に合ったバッグがありません。

요-후꾸니 앗따 박구가 아리마셍

이 옷은 어린 티가 나지 않아요?

この服は子供っぽくないんですか。

고노 후꾸와 고도몹뽀꾸나인데스까

이 바지는 맞춰 입기에 좋아요.

このズボンはきまわしがききます。

고노 즈봉와 기마와시가 기끼마스

이건 지금 유행하는 헤어스타일이에요.

これは今流行のヘアスタイルです。

고레와 이마 류-꼬-노 헤아스타이루데스

Conversation

A: きょうは何を着て行こうかな。

B: カジュアルなほうがいいですよ。

오늘은 무얼 입고 갈까?
캐주얼한 게 좋겠어요.

시간에 대해 말할 때

지금 몇 시입니까?

今、何時ですか。

이마, 난지데스까

10시 5분전입니다.

10時5分前です。

쥬-지 고홈마에데스

9시 15분이 지났어요.

9時15分過ぎです。

쿠지 쥬-고훈 스기데스

몇 시에 약속이 있어요?

何時に約束がありますか。

난지니 약소꾸가 아리마스까

이제 갈 시간이에요.

もう行く時間ですよ。

모- 이꾸 지깐데스요

시간이 없어요.

時間がありませんよ。

지깡가 아리마셍요

Conversation

A: そろそろ帰りましょうか。

B: もう、こんな時間ですね。

이제 갈까요?
벌써 시간이 되었네요.

날짜와 요일에 대해 말할 때

오늘은 며칠입니까?

今日は何日ですか。
<small>きょう　なんにち</small>

쿄-와 난니찌데스까

오늘은 무슨 요일입니까?

今日は何曜日ですか。
<small>きょう　なんようび</small>

쿄-와 낭요-비데스까

오늘은 몇 월 며칠입니까?

今日は何月何日ですか。
<small>きょう　なんがつなんにち</small>

쿄-와 낭가쯔 난니찌데스까

당신의 생일은 언제입니까?

あなたの誕生日はいつですか。
<small>たんじょうび</small>

아나따노 탄죠-비와 이쯔데스까

몇 년생이세요?

何年の生まれですか。
<small>なんねん　う</small>

난넨노 우마레데스까

무슨 띠이세요?

何年ですか。
<small>なにどし</small>

나니도시데스까

Conversation

A: 今日は何日ですか。
<small>きょう　なんにち</small>

B: 4月24日です。今年はうるう年ですよ。
<small>がつ　か　ことし　どし</small>

오늘은 며칠인가요?

4월 24일입니다. 올해는 윤년이에요.

날씨에 대해 말할 때

>> 녹음을 듣고 소리내어 읽어볼까요?

<< 듣기 >>

오늘은 날씨가 어때요?

今日はどんな天気ですか。

쿄-와 돈나 텡끼데스까

주말 날씨는 어때요?

週末の天気はどうですか。

슈-마쯔노 텡끼와 도-데스까

점점 따뜻해지는군요.

だんだん暖かくなってきましたね。

단당 아따따까꾸낫떼 기마시따네

오늘은 상당히 덥군요.

今日はなかなか暑いですね。

쿄-와 나까나까 아쯔이데스네

시원해서 기분이 좋군요.

涼しくて気持ちがいいですね。

스즈시꾸떼 기모찌가 이-데스네

추워졌어요.

寒くなりましたね。

사무꾸 나리마시따네

Conversation

A: 今日はいい天気ですね。

B: そうですね。こんな日はどこかへ行きたくなります。

오늘은 날씨가 좋군요.
그렇군요. 이런 날은 어딘가 떠나고 싶어져요.

Unit 09 계절에 대해 말할 때

이제 곧 따뜻한 봄이군요.

もうすぐあたたかい春ですね。

모- 스구 아따따까이 하루데스네

장마가 들었어요.

つゆに入りましたよ。

쓰유니 하이리마시다요

이제 무더운 여름도 막바지이군요.

もうむし暑い夏も終わりですね。

모- 무시아쯔이 나쯔모 오와리데스네

시원한 가을이 되었군요.

涼しい秋になりましたね。

스즈시- 아끼니 나리마시따네

드디어 추운 겨울이군요.

いよいよ寒い冬ですね。

이요이요 사무이 후유데스네

해가 무척 짧아졌어요.

すっかり日が短くなりました。

슥까리 히가 미지카꾸 나리마시다

Conversation

A: 春が待ちどおしいですね。
B: 今年の冬はとても長かったんですからね。

봄이 기다려져요.
올 겨울은 무척 길었으니까요.

술과 담배에 대해 말할 때

어느 정도 술을 마시나요?

どのくらい酒を飲みますか。

도노쿠라이 사께오 노미마스까

저는 술에 약한 편이에요.

わたしは酒に弱いほうです。

와따시와 사께니 요와이 호-데스

김씨는 술꾼이에요.

キムさんは大酒飲みです。

키무상와 오-자께노미데스

앞으로 담배와 술을 끊으려고 해요.

これからタバコとお酒をやめようと思っています。

고레까라 타바코또 오사께오 야메요-또 오못떼 이마스

여기서 담배를 피워도 될까요?

ここでタバコを吸ってもいいですか。

고꼬데 다바꼬오 슷떼모 이-데쇼-까

여기는 금연입니다.

ここは禁煙になっています。

고꼬와 깅엔니 낫떼 이마스

Conversation

A: タバコをやめたほうがいいよ。

B: わかっているけど、やめられないんだよ。

담배를 끊는 게 좋겠어.
알지만 끊을 수가 없어.

● 대화 내용의 녹음을 듣고 우리말을 일본어로 말해 보세요.

Unit 01

A: 건강은 이제 괜찮으세요?

B: ええ、だいぶよくなりまし
　た。

Unit 02

A: 友達_{ともだち}はすぐできるほうです
　か。

B: いいえ、그다지 사교적이 아니에요.

Unit 03

A: 이거 맛이 어때요?

B: けっこうおいしいですよ。

Unit 04

A: 彼女_{かのじょ}はかわいい?

B: うん。아름답다기보다는 오히려 사랑
　스런 여자야.

Unit 05

A: きょうは何_{なに}を着_きて行_いこうか
　な。

B: 캐주얼한 게 좋겠어요.

Unit 06

A: そろそろ帰_{かえ}りましょうか。

B: 벌써 시간이 되었네요.

Unit 07

A: 오늘은 며칠인가요?

B: 4月_{がつ}24日_かです。今年_{ことし}はうるう
　年ですよ。

Unit 08

A: 今日_{きょう}はいい天気_{てんき}ですね。

B: そうですね。이런 날은 어딘가 떠
　나고 싶어져요.

Unit 09

A: 봄이 기다려져요.

B: 今年_{ことし}の冬_{ふゆ}はとても長_{なが}かったん
　ですからね。

Unit 10

A: 담배를 끊는 게 좋겠어.

B: わかっているけど、やめられ
　ないんだよ。

PART **06**

基本表現

✿ 만만하게
✿ 눈으로 읽고
✿ 귀로 듣고
✿ 입으로 소리내어 말한다!

취미와 여가

>> 녹음을 듣고 소리내어 읽어볼까요? << 듣기 >>

취미는 뭐예요?

ご趣味は何ですか。

고슈미와 난데스까

무슨 취미가 있어요?

何かご趣味はありますか。

낭까 고슈미와 아리마스까

일 이외에 무슨 흥미가 있어요?

仕事以外に何か興味がありますか。

시고또 이가이니 낭까 쿄-미가 아리마스까

특별히 취미라고 할 건 없어요.

特に趣味と言えるものはありません。

토꾸니 슈미또 이에루 모노와 아리마셍

이렇다 할 취미가 없어요.

これといった趣味がないんですよ。

고레또 잇따 슈미가 나인데스요

취미는 즐거운 일이에요.

趣味は楽しいですね。

슈미와 다노시-데스네

Conversation

A: わたしの趣味は囲碁です。あなたは?
B: 将棋です。

제 취미는 바둑입니다. 당신은?
장기입니다.

여가활동에 대해 말할 때

기분전환으로 어떤 것을 하세요?

気晴らしにどんなことをしますか。

기바라시니 돈나 고또오 시마스까

일이 끝난 후에는 어떻게 보내세요?

仕事のあとはどうやって楽しんでますか。

시고또노 아또와 도-얏떼 다노신데 마스까

한가할 때는 무엇을 하세요?

お暇なときは何をなさいますか。

오히마나 도끼와 나니오 나사이마스까

매달 동호인이 모여요.

毎月、同好の士が集まるんですよ。

마이게쯔, 도-꼬-노 시가 아쯔마룬데스요

뭔가 교양 활동을 하세요?

何かけいこごとをしていますか。

나니까 케-꼬 고또오 시떼 이마스까

영화를 보며 시간을 보내요.

映画を見てひまをつぶします。

에-가오 미데 히마오 쓰부시마스

Conversation

A: 何かけいこごとをしていますか。
B: はい、生け花をしています。

뭔가 교양 활동를 하나요?
네, 꽃꽂이를 하고 있습니다.

오락에 대해 말할 때

>> 녹음을 듣고 소리내어 읽어볼까요?   << 듣기 >>

어떤 게임을 하고 싶으세요?

どんなゲームをしたいんですか。

돈나 게-무오 시따인데스까

빠찡코를 해 보고 싶네요.

パチンコをやってみたいですね。

파찡꼬오 얏떼 미따이데스네

이 게임은 재미있어서 그만둘 수 없어요.

このゲームは面白くてやめられませんよ。

고노 게-무와 오모시로꾸떼 야메라레마셍요

바둑과 장기는 좋아하세요?

碁と将棋はお好きですか。

고또 쇼-기와 오스끼데스까

내기에는 전혀 흥미가 없어요.

かけごとには全然興味がありません。

가께고또니와 젠젱 쿄-미가 아리마셍

나는 일절 도박은 안 해요.

わたしは一切ギャンブルはしません。

와따시와 잇사이 걈부루와 시마셍

Conversation

A: どんなゲームをしたいんですか。

B: そうですね、トランプかマージャンはどうですか。

어떤 게임을 하고 싶으세요?
글쎄요, 트럼프나 마작은 어때요?

책과 신문에 대해 말할 때

책을 많이 읽으세요?

本をたくさん読みますか。

홍오 닥상 요미마스까

평소 어떤 책을 읽으세요?

いつもどんな本を読みますか。

이쯔모 돈나 홍오 요미마스까

좋아하는 작가는 누구죠?

好きな作家はだれですか。

스끼나 삭까와 다레데스까

요즘 베스트셀러는 무엇이죠?

現在のベストセラーは何ですか。

겐자이노 베스토세라-와 난데스까

신문은 무엇을 구독하세요?

新聞は何をとってますか。

심붕와 나니오 돗떼마스까

어떤 잡지를 좋아하세요?

どんな雑誌が好きですか。

돈나 잣시가 스끼데스까

Conversation

A: これはベストセラーだよ。
B: 読んでみたい本だった。

이것은 베스트셀러야.
읽고 싶은 책이었어.

어떤 음악을 좋아하세요?

どんな音楽が好きですか。

돈나 옹가꾸가 스끼데스까

음악이라도 틀까요?

何か音楽をかけましょうか。

낭까 옹가꾸오 가께마쇼-까

요즘, 인기가 있는 노래는 뭐예요?

最近、人気のある歌は何ですか。

사이낑, 닝끼노 아루 우따와 난데스까

전 음치예요.

わたしは音痴ですよ。

와따시와 온찌데스요

당신은 기타를 칠 줄 아세요?

あなたはギターを弾けますか。

아나따와 기타-오 히께마스까

이번 콘서트에 안 갈래요?

今度のコンサートに行きませんか。

곤도노 콘사-토니 이끼마셍까

Conversation

A: 彼の歌は全部大好きです。

B: わたしは彼の声が好きです。

그의 노래는 모두 다 좋아해요.

전 그의 목소리를 좋아해요.

그림에 대해 말할 때

어떤 그림을 좋아하세요?

どんな絵が好きですか。

돈나 에가 스끼데스까

어떤 화가를 좋아하세요?

どんな画家が好きですか。

돈나 가까가 스끼데스까

그림을 그리는 것을 무척 좋아해요.

絵を描くのが大好きです。

에오 가꾸노가 다이스끼데스

그림은 서툴어요.

絵は下手です。

에와 헤따데스

전람회에는 자주 가세요?

展覧会にはよく行きますか。

덴랑까이니와 요꾸 이끼마스까

이 그림은 뭐가 뭔지 모르겠어요.

この絵は何が何だかわからないんですよ。

고노 에와 나니가 난다까 와까라나인데스요

Conversation

A: 今回の美術展はどうでしたか。

B: すばらしかったですよ。

이번 미술전은 어땠어요?
훌륭했어요.

텔레비전에 대해 말할 때

텔레비전을 켜도 될까요?

テレビをつけてもいいですか。

테레비오 쓰께떼모 이-데스까

텔레비전을 꺼줄래요?

テレビを消してくれませんか。

테레비오 게시떼 구레마셍까

채널을 바꿔도 될까요?

チャンネルを変えてもいいですか。

챤네루오 가에떼모 이-데스까

그 드라마 보세요?

あのドラマ、見ていますか。

아노 도라마, 미떼 이마스까

그 프로그램은 재미없어요.

あの番組はつまらないんです。

아노 방구미와 쓰마라나인데스

뉴스를 봅시다.

ニュースを見ましょう。

뉴-스오 미미쇼-

Conversation

A: あのドラマ、見ていますか。

B: もちろんですよ。今週もかならず見ますよ。

그 드라마 보나요?
물론이죠. 이번 주에도 꼭 볼 거예요.

Unit 08 영화나 연극에 대해 말할 때

영화는 자주 보러 가세요?

映画にはよく行きますか。

에-가니와 요꾸 이끼마스까

지금 어떤 영화를 하나요?

今どんな映画をやってますか。

이마 돈나 에-가오 얏떼마스까

어떤 영화를 좋아하세요?

どんな映画がお好きですか。

돈나 에-가가 오스끼데스까

그 영화는 어땠어요?

その映画はどうでしたか。

소노 에-가와 도-데시다까

그 연극은 언제 하나요?

あの芝居はいつやるんですか。

아노 시바이와 이쯔 야룬데스까

이 연극 재미있을 것 같은데요.

この芝居、おもしろそうですね。

고노 시바이, 오모시로소-데스네

Conversation

A: 日本のテレビの番組を見ますか。

B: はい、とても楽しんでいます。

일본의 텔레비전 프로를 보나요?
네, 무척 즐기고 있어요.

Unit 09 운동이나 스포츠에 대해 말할 때

>> 녹음을 듣고 소리내어 읽어볼까요?

<< 듣기 >>

어떤 스포츠를 하세요?

どんなスポーツをやりますか。

돈나 스포-츠오 야리마스까

최근 골프를 시작했어요.

最近、ゴルフを始めました。

사이낑, 고루후오 하지메마시다

어떤 스포츠를 좋아하세요?

どんなスポーツが好きですか。

돈나 스포-츠가 스끼데스까

스포츠라면 무엇이든 좋아해요.

スポーツなら何でも好きです。

스포-츠나라 난데모 스끼데스

운동은 못해요.

運動は苦手です。

운도-와 니가떼데스

팀으로 하는 스포츠는 별로 안 해요.

チーム・スポーツはあまりやりません。

치-무・스포-츠와 아마리 야리마셍

Conversation

A: 毎週、日曜日にテニスをします。

B: だれとするのですか。

매주 일요일에 테니스를 합니다.

누구와 하세요?

84 • 왕초보 일본어회화 첫걸음_기본표현

여행에 대해 말할 때

어딘가로 여행을 떠나고 싶군요.

どこかへ旅に出たいですね。

도꼬까에 다비니 데따이데스네

마음 내키는 대로 여행을 하고 싶군요.

気ままな旅をしたいですね。

기마마나 다비오 시따이데스네

이번에 여행을 하죠.

今度、旅行しましょう。

곤도, 료꼬-시마쇼-

해외여행을 한 적이 있어요?

海外旅行したことがありますか。

카이가이 료꼬-시따 고또가 아리마스까

더 싼 패키지여행은 없어요?

もっと安いパック旅行はありませんか。

못또 야스이 팍쿠 료꼬-와 아리마셍까

관광 시즌이라 사람이 많네요.

観光シーズンだから人が多いですね。

캉꼬- 시-즌다까라 히또가 오-이데스네

Conversation

A: 旅に出たいな。
B: 二人で行きたいところに行ってみようか。

여행을 떠나고 싶구나.
둘이서 가고 싶은 곳에 가볼까?

● 대화 내용의 녹음을 듣고 우리말을 일본어로 말해 보세요.

Unit 01

A: 제 취미는 바둑입니다. 당신은?

B: 将棋^{しょうぎ}です。

Unit 02

A: 何^{なに}かけいこごとをしていますか。

B: はい、 꽃꽂이를 하고 있습니다.

Unit 03

A: どんなゲームをしたいんですか。

B: そうですね、 트럼프나 마작은 어때요?

Unit 04

A: これはベストセラーだよ。

B: 읽고 싶은 책이었어.

Unit 05

A: 그의 노래는 모두 다 좋아해요.

B: わたしは彼^{かれ}の声^{こえ}が好^すきです。

Unit 06

A: 이번 미술전은 어땠어요?

B: すばらしかったですよ。

Unit 07

A: 그 드라마 보나요?

B: もちろんですよ。今週^{こんしゅう}もかならず見^みますよ。

Unit 08

A: 일본의 텔레비전 프로를 보나요?

B: はい、 とても楽^{たの}しんでいます。

Unit 09

A: 매주 일요일에 테니스를 합니다.

B: だれとするのですか。

Unit 10

A: 여행을 떠나고 싶구나.

B: 二人^{ふたり}で行^いきたいところに行^いってみようか。

PART 07

旅行表現

✿ 만만하게
✿ 눈으로 읽고
✿ 귀로 듣고
✿ 입으로 소리내어 말한다!

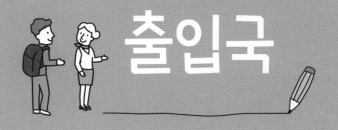

출입국

>> 녹음을 듣고 소리내어 읽어볼까요? 《 듣기 》

이건 어디에 두면 될까요?

これはどこに置けばいいですか。

고레와 도꼬니 오께바 이-데스까

이 짐을 부탁할게요.

この荷物をお願いします。

고노 니모쯔오 오네가이시마스

잠깐 지나갈게요.

ちょっと通してください。

촛또 도-시떼 구다사이

면세품을 기내에서 판매하나요?

免税品を機内販売していますか。

멘제-힝오 기나이 함바이시떼 이마스까

입국카드 쓰는 법을 가르쳐 주세요.

入国カードの書き方を教えてください。

뉴-코꾸카-도노 가끼카따오 오시에떼 구다사이

구토가 나는데 물 좀 주세요.

吐き気がするので、水をください。

하끼께가 스루노데, 미즈오 구다사이

Conversation

A: 飲み物は何がありますか。

B: コーヒー、紅茶、ジュースなどがございます。

마실 것은 뭐가 있나요?
커피, 홍차, 주스 등이 있습니다.

여객선에서

>> 녹음을 듣고 소리내어 읽어볼까요? << 듣기 >>

제 선실은 어디인가요?

わたしの船室はどこですか。

와따시노 센시쯔와 도꼬데스까

큰방 안은 자유석인가요?

大部屋の中は自由席ですか。

오-베야노 나까와 지유-세끼데스까

제 침구는 어느 것입니까?

わたしの寝具はどれですか。

와따시노 싱구와 도레데스까

바는 어디에 있나요?

バーはどこにありますか。

바-와 도꼬니 아리마스까

뱃멀미를 한 것 같은데요.

船酔いにかかったようです。

후나요이니 가깟따요-데스

지금 갑판에 나가도 되나요?

今デッキへ出てもいいですか。

이마 덱끼에 데떼모 이-데스까

Conversation

A: 売店はどこにありますか。
B: 二階のレストランの入口にあります。

매점은 어디에 있나요?
2층 식당 입구에 있습니다.

여권을 보여 주세요.

パスポートを見せてください。

파스포-토오 미세떼 구다사이

입국카드를 보여 주세요.

入国カードを見せてください。

뉴-코꾸카-도오 미세떼 구다사이

무슨 일로 오셨습니까?

どんな用事で来られましたか。

돈나 요-지데 고라레마시다까

어느 정도 머무르실 예정입니까?

どのくらいご滞在の予定ですか。

도노쿠라이 고타이자이노 요떼-데스까

어디에 머무르십니까?

どこにお泊まりですか。

도꼬니 오또마리데스까

숙박처는 아직 정하지 않았습니다.

宿泊地はまだ決めておりません。

슈꾸하꾸찌와 마다 기메떼 오리마셍

Conversation

A: 旅行の目的は何ですか。
B: 観光です。

여행목적은 뭡니까?
관광입니다.

>> 녹음을 듣고 소리내어 읽어볼까요?

<< 듣기 >>

짐은 어디서 찾습니까?

荷物はどこで受け取りますか。

니모쯔와 도꼬데 우케또리마스까

카트는 어디에 있나요?

カートはどこにありますか。

카-토와 도꼬니 아리마스까

내 짐이 안 보이는데요.

わたしの荷物が見つかりません。

와따시노 니모쯔가 미츠까리마셍

여기 화물인환증 있어요.

荷物引換証はこれです。

니모쯔히키까에쇼-와 고레데스

분실한 짐은 몇 개입니까?

紛失した荷物は何個ですか。

훈시쯔시따 니모쯔와 낭꼬데스까

찾는 대로 호텔로 보내 주세요.

見つかり次第ホテルに届けてください。

미쓰까리 시다이 호테루니 도도께떼 구다사이

Conversation

A: 荷物の特徴を教えてください。
B: 大型のスーツケースです。色は青色です。

짐의 특징을 알려 주세요.
대형 여행가방이고요. 청색입니다.

>> 녹음을 듣고 소리내어 읽어볼까요?

<< 듣기 >>

여권과 신고서를 보여 주세요.

パスポートと申告書（しんこくしょ）を見（み）せてください。

파스포-토또 싱코꾸쇼오 미세떼 구다사이

짐은 이게 다입니까?

お荷物（にもつ）はこれだけですか。

오니모쯔와 고레다께데스까

이 여행용 가방을 열어 주세요.

このスーツケースを開（あ）けてください。

고노 스-츠케-스오 아께떼 구다사이

이 내용물은 뭡니까?

この中身（なかみ）は何（なん）ですか。

고노 나까미와 난데스까

그건 제 일용품입니다.

それはわたしの身（み）の回（まわ）り品（ひん）です。

소레와 와따시노 미노마와리힌데스

이건 과세 대상이 됩니다.

これは課税（かぜい）の対象（たいしょう）となります。

고레와 가제-노 다이쇼-또 나리마스

Conversation

A: **特別（とくべつ）に申告（しんこく）するものはありますか。**

B: **申告（しんこく）するものはありません。**

특별히 신고할 물건은 있습니까?
신고할 것은 없습니다.

환전소는 어디에 있나요?

両替所はどこですか。

료-가에쇼와 도꼬데스까

저기요, 돈을 바꾸고 싶은데요.

すみません、お金を換えたいのですが。

스미마셍, 오까네오 가에따이노데스가

일본 엔으로 환전해 주세요.

日本円に両替してください。

니홍 엔니 료-가에시떼 구다사이

한국 원의 환율은 어떻게 됩니까?

韓国ウォンの為替レートはどのくらいですか。

캉코꾸 원노 가와세레-토와 도노 쿠라이데스까

이 여행자수표를 현금으로 바꿔 주세요.

このトラベラーズチェックを現金にしてください。

고노 토라베라-즈첵쿠오 겡낑니 시떼 구다사이

잔돈도 섞어 주세요.

小銭も混ぜてください。

고제니모 마제떼 구다사이

Conversation

A: **どこで両替できますか。**
B: **両替と書いてあるところに行ってください。**
어디서 환전할 수 있나요?
両替라고 써 있는 곳으로 가십시오.

공항안내소

관광안내소는 어디에 있나요?

観光案内所はどこですか。

강꼬-안나이죠와 도꼬데스까

호텔 목록은 있나요?

ホテルリストはありますか。

호테루 리스토와 아리마스까

시내지도를 얻을 수 있나요?

市内地図をもらえますか。

시나이치즈오 모라에마스까

여기서 호텔을 예약할 수 있나요?

ここでホテルを予約できますか。

고꼬데 호테루오 요야꾸 데끼마스까

그 호텔은 어떻게 가나요?

あのホテルへはどうやって行くのですか。

아노 호테루에와 도-얏떼 이꾸노데스까

시내는 뭘로 가면 가장 빠른가요?

市内へは何で行けばいちばん速いんですか。

시나이에와 나니데 이께바 이찌방 하야인데스까

Conversation

A: すみません、観光案内所はどこですか。
B: 一階にあります。
미안합니다, 관광안내소는 어디에 있나요?
1층에 있습니다.

>> 녹음을 듣고 소리내어 읽어볼까요? 《 듣기 》

카트는 어디에 있나요?

カートはどこにありますか。

카-토와 도꼬니 아리마스까

짐을 트렁크에 넣어 주세요.

荷物をトランクに入れてください。

니모쯔오 토랑쿠니 이레떼 구다사이

이 호텔로 가 주세요.

このホテルへ行ってください。

고노 호테루에 잇떼 구다사이

시내로 가는 버스는 어느 것입니까?

市内へ行くバスはどれですか。

시나이에 이꾸 바스와 도레데스까

버스 표는 어디서 살 수 있죠?

バスの切符はどこで買えますか。

바스노 깁뿌와 도꼬데 가에마스까

이 버스는 어디에 섭니까?

このバスはどこに停まりますか。

고노 바스와 도꼬니 도마리마스까

Conversation

A: 切符は乗る前に買うのですか。

B: いいえ、車内で運転手に払ってください。

표는 타기 전에 사는 건가요?

아뇨, 차 안에서 기사에게 지불하세요.

>> 녹음을 듣고 소리내어 읽어볼까요?　　　　<< 듣기 >>

예약을 재확인하고 싶은데요.

リコンファームをしたいのですが。

리콩화-무오 시따이노데스가

비행편을 변경할 수 있나요?

便の変更をお願いできますか。
びん　へんこう　　ねが

빈노 헹꼬-오 오네가이 데끼마스까

다른 항공사를 봐주세요.

ほかの会社の便を調べてください。
かいしゃ　びん　しら

호까노 카이샤노 빙오 시라베떼 구다사이

해약 대기라도 괜찮아요.

キャンセル待ちでもけっこうです。
ま

캰세루마찌데모 겍꼬-데스

빨리 가 주세요. 늦었어요.

急いでください。遅れているんです。
いそ　　　　　　　おく

이소이데 구다사이. 오꾸레떼 이룬데스

기사님, 호텔로 돌아가 줄래요?

運転手さん、ホテルへ戻ってくれませんか。
うんてんしゅ　　　　　　　もど

운뗀슈상, 호테루에 모돗떼 구레마셍까

Conversation

A: 申し訳ございませんが、席はひとつも残っておりません。
もう　わけ　　　　　　　せき　　　　　　　のこ

B: キャンセル待ちでお願いできますか。
ま　　　ねが

죄송하지만, 좌석은 하나도 남아 있지 않습니다.
해약대기로 가능한가요?

Unit 10 귀국 탑승수속

>> 녹음을 듣고 소리내어 읽어볼까요?

듣기

탑승수속은 어디서 하나요?

搭乗手続きはどこでするのですか。
とうじょうてつづ

토-죠-테쓰즈끼와 도꼬데 스루노데스까

항공 카운터는 어디입니까?

航空カウンターはどこですか。
こうくう

코-꾸-카운타-와 도꼬데스까

공항세는 있나요?

空港税はありますか。
くうこうぜい

쿠-꼬-제-와 아리마스까

창쪽으로 주세요.

窓側の席をお願いします。
まどがわ　せき　ねが

마도가와노 세끼오 오네가이시마스

이 가방은 기내로 가지고 들어갈 거예요.

このバッグは機内に持ち込みます。
きない　も　こ

고노 박구와 기나이니 모찌꼬미마스

탑승은 벌써 시작되었습니까?

搭乗はもう始まりましたか。
とうじょう　はじ

토-죠-와 모- 하지마리마시다까

Conversation

A: お預けになる荷物はありますか。
　あず　　　　　　にもつ
B: 預ける荷物はありません。
　あず　　にもつ

맡기실 짐은 있으십니까?
맡길 짐은 없습니다.

대화 연습 **PART 07**

● 대화 내용의 녹음을 듣고 우리말을 일본어로 말해 보세요.

Unit 01

A: 마실 것은 뭐가 있나요?

B: コーヒー、紅茶（こうちゃ）、ジュースなどがございます。

Unit 02

A: 매점은 어디에 있나요?

B: 二階（にかい）のレストランの入口（いりぐち）にあります。

Unit 03

A: 旅行（りょこう）の目的（もくてき）は何（なん）ですか。

B: 관광입니다.

Unit 04

A: 荷物（にもつ）の特徴（とくちょう）を教（おし）えてください。

B: 대형 여행가방이고요. 청색입니다.

Unit 05

A: 特別（とくべつ）に申告（しんこく）するものはありますか。

B: 신고할 것은 없습니다.

Unit 06

A: 어디서 환전할 수 있나요?

B: 両替（りょうがえ）と書（か）いてあるところに行（い）ってください。

Unit 07

A: すみません、 관광안내소는 어디에 있나요?

B: 一階（いっかい）にあります。

Unit 08

A: 표는 타기 전에 사는 건가요?

B: いいえ、車内（しゃない）で運転手（うんてんしゅ）に払（はら）ってください。

Unit 09

A: 申（もう）し訳（わけ）ございませんが、席（せき）はひとつも残（のこ）っておりません。

B: 해약대기로 가능한가요?

Unit 10

A: お預（あず）けになる荷物（にもつ）はありますか。

B: 맡길 짐은 없습니다.

08

PART

旅行表現

✿ 만만하게
✿ 눈으로 읽고
✿ 귀로 듣고
✿ 입으로 소리내어 말한다!

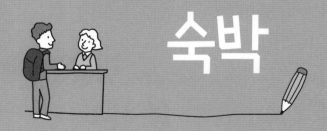

숙박

Unit 01 호텔 예약

>> 녹음을 듣고 소리내어 읽어볼까요?　　

오늘밤 묵을 호텔을 예약하고 싶은데요.

今晩のホテルを予約したいのですが。

곰반노 호테루오 요야꾸시따이노데스가

다른 호텔을 소개해 주세요.

ほかのホテルを紹介してください。

호까노 호테루오 쇼-까이시떼 구다사이

오늘밤 방은 비어 있나요?

今晩部屋は空いていますか。

곰방 헤야와 아이떼 이마스까

욕실이 딸린 싱글은 얼마입니까?

バス付きのシングルはいくらですか。

바스 쓰끼노 싱구루와 이꾸라데스까

아침식사는 나옵니까?

朝食は付いていますか。

쵸-쇼꾸와 쓰이떼 이마스까

비성수기 할인은 없나요?

オフシーズン割引はありませんか。

오후시-즌 와리비끼와 아리마셍까

Conversation

A: **何泊のご予定ですか。**

B: **三泊したいのですが。**

몇 박 머무실 예정이십니까?

3박을 하고 싶은데요.

>> 녹음을 듣고 소리내어 읽어볼까요?

<< 듣기 >>

체크인하고 싶은데요.

チェックインしたいんですが。

첵쿠인시따인데스가

예약은 안 했는데, 방은 있나요?

予約はしていませんが、部屋はありますか。

요야꾸와 시떼 이마셍가, 헤야와 아리마스까

조용한 방으로 주세요.

静かな部屋をお願いします。

시즈까나 헤야오 오네가이시마스

전망이 좋은 방으로 주세요.

眺めのよい部屋をお願いします。

나가메노 요이 헤야오 오네가이시마스

1박을 더 하고 싶은데요.

もう一泊したいんですが。

모- 입빠꾸 시따인데스가

이게 방 열쇠입니다.

こちらが部屋のカギとなります。

고찌라가 헤야노 카기또 나리마스

Conversation

A: 予約はしてあるのですが。
B: お名前をお願いできますか。

예약을 했는데요.
성함을 말씀해 주시겠습니까?

호텔에서 아침식사

식당은 어디에 있나요?

食堂はどこにありますか。
しょくどう

쇼꾸도-와 도꼬니 아리마스까

아침식사는 몇 시부터 할 수 있나요?

朝食は何時から食べられますか。
ちょうしょく　なんじ　　た

쵸-쇼꾸와 난지까라 다베라레마스까

아침식사는 몇 시까지 할 수 있나요?

朝食は何時まで食べられますか。
ちょうしょく　なんじ　　た

쵸-쇼꾸와 난지마데 다베라레마스까

아침식사는 방에서 할 수 있나요?

朝食は部屋で取れますか。
ちょうしょく　へ や　と

쵸-쇼꾸와 헤야데 도레마스까

아침식사를 룸서비스할 수 있어요?

朝食をルームサービスできますか。
ちょうしょく

쵸-쇼꾸오 루-무사-비스 데끼마스까

부탁한 아침식사가 아직 안 왔어요.

頼んだ朝食がまだ来ません。
たの　　ちょうしょく　　　き

다논다 쵸-쇼꾸가 마다 기마셍

Conversation

A: **何時にお持ちいたしましょう。**
　　なんじ　　も

B: **7時半にお願いします。**
　　じはん　　ねが

몇 시에 갖다 드릴까요?

7시 반에 갖다 주세요.

>> 녹음을 듣고 소리내어 읽어볼까요?   << 듣기 >>

수영장은 무료입니까?

プールは無料ですか。

푸-루와 무료-데스까

선물을 살 수 있는 가게는 있나요?

おみやげを買える店はありますか。

오미야게오 가에루 미세와 아리마스까

정원에서 식사할 수 있나요?

庭で食事できますか。

니와데 쇼꾸지 데끼마스까

이 가방을 5시까지 맡아주었으면 하는데요.

このかばんを5時まで預ってもらいたいのですが。

고노 가방오 고지마데 아즈깟떼 모라이따이노데스가

여기서 관광버스 표를 살 수 있나요?

ここで観光バスのチケットを買えますか。

고꼬데 강꼬-바스노 치켓토오 가에마스까

이 소포를 한국으로 보내고 싶은데요.

この小包を韓国へ送りたいんですが。

고노 고즈쓰미오 캉코꾸에 오꾸리따인데스가

Conversation

A: ホテルにはどんな施設がありますか。

B: ほとんどすべてそろっております。

호텔에는 어떤 시설이 있나요?
거의 모두 갖춰져 있습니다.

>> 녹음을 듣고 소리내어 읽어볼까요?

룸서비스는 있나요?

ルームサービスはありますか。

루-무사-비스와 아리마스까

몇 호실입니까?

なんごうしつ
何号室ですか。

낭고-시쯔데스까

마실 물이 필요한데요.

の　　みず
飲む水がほしいのですが。

노무 미즈가 호시-노데스가

드라이어를 갖다 주세요.

も　　　き
ドライヤーを持って来てください。

도라이야-오 못떼 기떼 구다사이

잠시 기다려 주세요.

ま
ちょっと待ってください。

춋또 맛떼 구다사이

들어오세요.

はい
お入りください。

오하이리쿠다사이

Conversation

A: モーニングコールをお願いします。
ねが

B: 何時ですか。
なんじ

모닝콜을 부탁합니다.
몇 시에 말입니까?

세탁과 미용

Unit 06

세탁을 부탁합니다.

洗濯物をお願いします。

센따꾸모노오 오네가이시마스

이 옷을 세탁해 주세요.

この衣類を洗濯してください。

고노 이루이오 센따꾸시떼 구다사이

이 와이셔츠를 다려 주세요.

このワイシャツにアイロンをかけてください。

고노 와이샤츠니 아이롱오 가케떼 구다사이

호텔 안에 이발소는 있나요?

ホテル内に理髪店はありますか。

호테루 나이니 리하쯔뗑와 아리마스까

헤어드라이로 말려 주세요.

ヘアドライヤーをかけてください。

헤아도라이야-오 가케떼 구다사이

가능한 빨리 해주세요.

できるだけ早くお願いします。

데끼루다께 하야꾸 오네가이시마스

Conversation

A: 洗濯物の仕上がりはいつですか。

B: 明日までには仕上がります。

세탁은 언제 다 되나요?

내일까지는 됩니다.

호텔방에 문제가 있을 때

>> 녹음을 듣고 소리내어 읽어볼까요?

<< 듣기 >>

방이 무척 추운데요.
部屋がとても寒いんですが。
헤야가 도떼모 사무인데스가

에어컨이 고장났습니다.
エアコンが壊れています。
에아콩가 고와레떼 이마스

화장실 변기가 막힌 것 같은데요.
トイレが詰まってしまったようです。
토이레가 쓰맛떼 시맛따 요-데스

샤워기에 뜨거운 물이 나오지 않아요.
シャワーのお湯が出ません。
샤와-노 오유가 데마셍

무슨 이상한 냄새가 나는데요.
何か変なにおいがします。
낭까 헨나 니오이가 시마스

텔레비전 화면이 너무 안 좋아요.
テレビの映りが悪すぎます。
테레비노 우쯔리가 와루스기마스

Conversation

A: 責任者とお話ししたいのですが。

B: どうもすみません。すぐメードを寄越します。

책임자와 이야기를 하고 싶은데요.
대단히 죄송합니다. 즉시 객실 담당 여종업원을 보내겠습니다.

방을 깨끗이 청소해 주세요.

部屋をきれいに掃除してください。

헤야오 기레이니 소-지시떼 구다사이

옆방이 시끄러운데요.

となりの部屋がうるさいのですが。

도나리노 헤야가 우루사이노데스가

다른 방으로 바꿔 주시겠어요?

他の部屋に替えていただけますか。

호까노 헤야니 가에떼 이따다께마스까

잠깐 와 주세요.

ちょっと来てください。

촛또 기떼 구다사이

칫솔과 치약을 주세요.

歯ブラシと歯磨き粉をください。

하부라시또 하미가키꼬오 구다사이

방으로 가져오세요.

部屋に持ってきてください。

헤야니 못떼기떼 구다사이

Conversation

A: 部屋から韓国に電話をかけられますか。

B: はい。お手伝いいたします。

방에서 한국으로 전화를 걸 수 있나요?

네, 도와드리겠습니다.

체크아웃을 부탁합니다.

チェックアウトをお願いします。

첵쿠아우토오 오네가이시마스

맡긴 귀중품을 주세요.

預けた貴重品をお願いします。

아즈케따 기쬬-힝오 오네가이시마스

여러모로 신세를 졌습니다.

いろいろお世話になりました。

이로이로 오세와니 나리마시다

택시를 불러 주세요.

タクシーを呼んでください。

타꾸시-오 욘데 구다사이

방에 물건을 두고 나왔습니다.

部屋に忘れ物をしました。

헤야니 와스레모노오 시마시다

고맙습니다. 여기 계산서입니다.

ありがとうございます。はい、勘定書きです。

아리가또-고자이마스. 하이, 간쬬-가끼데스

Conversation

A: ご滞在はいかがでしたか。
B: とても楽しかったです。ありがとう。

숙박은 어떠셨습니까?
매우 즐거웠습니다. 고마워요.

일본여관에서

>> 녹음을 듣고 소리내어 읽어볼까요?

<< 듣기 >>

그건 식사가 나옵니까?

それは食事付きですか。

소레와 쇼꾸지 쓰끼데스까

아무튼 방을 보여 주세요.

とにかく部屋を見せてください。

도니카꾸 헤야오 미세떼 구다사이

피곤해서 당장 샤워를 하고 싶은데요.

疲れたので早速シャワーを浴びたいんですが。

쓰까레따노데 삿소꾸 샤와-오 아비따인데스가

먼저 여관비를 지불할게요.

まず旅館代を払います。

마즈 료깐다이오 하라이마스

노천탕도 있습니까?

露天風呂もありますか。

로뗀부로모 아리마스까

식사는 마음에 드셨습니까?

お食事はお気に召しましたか。

오쇼꾸지와 오키니 메시마시다까

Conversation

A: 空いた部屋がありますか。

B: はい、ございます。お一人さまですか。

빈방이 있습니까?

네, 있습니다. 혼자이십니까?

● 대화 내용의 녹음을 듣고 우리말을 일본어로 말해 보세요.

Unit 01

A: 何泊のご予定ですか。

B: 3박을 하고 싶은데요.

Unit 02

A: 예약을 했는데요.

B: お名前をお願いできますか。

Unit 03

A: 何時にお持ちいたしましょう。

B: 7시 반에 갖다 주세요.

Unit 04

A: 호텔에는 어떤 시설이 있나요?

B: ほとんどすべてそろっております。

Unit 05

A: 모닝콜을 부탁합니다.

B: 何時ですか。

Unit 06

A: 세탁은 언제 다 되나요?

B: 明日までには仕上がります。

Unit 07

A: 책임자와 이야기를 하고 싶은데요.

B: どうもすみません。すぐメードを寄越します。

Unit 08

A: 방에서 한국으로 전화를 걸 수 있나요?

B: はい。お手伝いいたします。

Unit 09

A: ご滞在はいかがでしたか。

B: 매우 즐거웠습니다. 고마워요.

Unit 10

A: 빈방이 있습니까?

B: はい、ございます。お一人さまですか。

09
PART

旅行表現

✿ 만만하게
✿ 눈으로 읽고
✿ 귀로 듣고
✿ 입으로 소리내어 말한다!

식사

식당을 찾을 때

Unit 01

>> 녹음을 듣고 소리내어 읽어볼까요?

<< 듣기 >>

괜찮은 식당 좀 소개해 주시겠어요?

いいレストランを紹介していただけますか。

이- 레스토랑오 쇼-까이시떼 이따다께마스까

별로 안 비싼 식당이 좋겠어요.

あまり高くないレストランがいいです。

아마리 다카꾸나이 레스토랑가 이-데스

이 주변에 한식점은 있나요?

この辺りに韓国料理の店はありますか。

고노 아따리니 캉코꾸료-리노 미세와 아리마스까

식당이 많은 곳은 어느 주변인가요?

レストランの多いのはどの辺りですか。

레스토란노 오-이노와 도노 아따리데스까

이 시간에 문을 연 식당은 있나요?

この時間開いているレストランはありますか。

고노 지깡 아이떼 이루 레스토랑와 아리마스까

우동집은 어디에 있는지 아세요?

うどん屋はどこにあるかご存じですか。

우동야와 도꼬니 아루까 고존지데스까

Conversation

A: どんなお料理が好きですか。
B: 日本料理が食べたいんです。

어떤 요리를 좋아하십니까?
일본요리를 먹고 싶은데요.

식당 예약

>> 녹음을 듣고 소리내어 읽어볼까요?   << 듣기 >>

예약이 필요한가요?

予約が必要ですか。
よやく　　　　ひつよう

요야꾸가 히쯔요-데스까

예약하지 않아도 식사할 수 있나요?

予約しなくても食事できますか。
よやく　　　　　　　　しょくじ

요야꾸시나꾸떼모 쇼꾸지 데끼마스까

몇 분이십니까?

何人さまですか。
なんにん

난닌사마데스까

오늘 예약을 내일로 변경할 수 있나요?

今日の予約をあしたに変更できますか。
きょう　　よやく　　　　　　へんこう

쿄-노 요야꾸오 아시따니 헹꼬-데끼마스까

예약을 확인할 수 있나요?

予約の確認ができますか。
よやく　　かくにん

요야꾸노 카꾸닝가 데끼마스까

예약을 취소하고 싶은데요.

予約をキャンセルしたいんですが。
よやく

요야꾸오 칸세루시따인데스가

Conversation

A: 今晩7時に5人分予約したいんですが。
こんばん　じ　にんぶんよやく

B: あいにく今晩は満席です。
こんばん　　　まんせき

오늘밤 7시에 5인분을 예약하고 싶은데요.
유감스럽지만, 오늘밤은 자리가 다 찼습니다.

어서 오십시오. 몇 분이십니까?

いらっしゃいませ。 何人さまですか。
なんにん

이랏샤이마세. 난닌사마데스까

3명이 앉을 자리는 있나요?

3人の席はありますか。
にん　せき

산닌노 세끼와 아리마스까

창가 자리로 주세요.

窓際の席をお願いします。
まどぎわ　せき　　ねが

마도기와노 세끼오 오네가이시마스

구석 자리가 좋겠는데요.

隅の席がいいんですが。
すみ　せき

스미노 세끼가 이인데스가

안내해 드릴 때까지 기다려 주십시오.

ご案内するまでお待ちください。
あんない　　　　　　　　ま

고안나이스루마데 오마찌 쿠다사이

얼마나 기다려야 하죠?

どのくらい待たなければいけませんか。
ま

도노 쿠라이 마따나께레바 이께마셍까

Conversation

A: こんばんは。 二人ですが、 席はありますか。
　　　　　　　　　ふたり　　　　　　せき

B: あいにく満席なのでお待ち願うことになりますが。
　　　　　　まんせき　　　　　お待ち　　ねが

안녕하세요. 두 사람인데요, 좌석은 있나요?
아쉽게도 자리가 다 차서 기다리셔야 되겠는데요.

주문할 때

메뉴를 보여 주세요.

メニューを見せてください。

메뉴-오 미세떼 구다사이

한국어 메뉴는 있나요?

韓国語のメニューはありますか。

캉코꾸고노 메뉴-와 아리마스까

주문받으세요.

注文をしたいのですが。

츄-몽오 시따이노데스가

이것과 이것을 주세요.

これとこれをお願いします。

고레또 고레오 오네가이시마스

나도 같은 걸로 주세요.

わたしにも同じ物をお願いします。

와따시니모 오나지모노오 오네가이시마스

저것과 같은 요리를 주세요.

あれと同じ料理をください。

아레또 오나지 료-리오 구다사이

Conversation

A: 何がおすすめですか。

B: どんなものが食べたいのですか。

무얼 추천하시겠어요?

어떤 걸 드시고 싶으십니까?

Unit 05 주문에 문제가 있을 때

>> 녹음을 듣고 소리내어 읽어볼까요?

<< 듣기 >>

요리가 아직 안 나왔는데요.

料理がまだ来ません。

료-리가 마다 기마셍

주문한 것과 다른데요.

注文したものと違います。

츄-몬시따 모노또 치가이마스

이건 주문하지 않았는데요.

これは注文していませんが。

고레와 츄-몬시떼 이마셍가

제가 주문한 건 어떻게 됐나요?

わたしの注文したのはどうなっていますか。

와따시노 츄-몬시따노와 도-낫떼 이마스까

빨리 해 주세요.

早くしてください。

하야꾸 시떼 구다사이

주문한 요리는 언제 되나요?

注文した料理はいつできますか。

츄-몬시따 료-리와 이쯔 데끼마스까

Conversation

A: 注文したものがまだ来ないのですが。
B: いつご注文なさいましたか。

주문한 게 아직 안 나왔는데요.
언제 주문하셨습니까?

116 • 왕초보 일본어회화 첫걸음_여행표현

식당에서의 트러블

《 듣기 》

좀 더 조용한 자리로 바꿔 주시겠어요?

もっと静かな席に替えてもらえませんか。

못또 시즈까나 세끼니 가에떼 모라에마셍까

이 요리에 머리카락이 들어 있어요.

この料理に髪の毛が入ってますよ。

고노 료-리니 가미노께가 하잇떼 마스요

약간 덜 익은 것 같은데요.

ちょっと火が通ってないようですが。

촛또 히가 도옷떼 나이 요-데스가

이 스테이크는 너무 구웠네요.

このステーキは焼きすぎです。

고노 스테-키와 야끼스기데스

글라스가 더럽네요. 바꿔주세요.

グラスが汚れています。取り替えてください。

그라스가 요고레떼 이마스. 도리까에떼 구다사이

너무 많아서 다 먹을 수 없습니다.

ちょっと多すぎて食べられません。

촛또 오-스기떼 다베라레마셍

Conversation

A: ちょっと火が通っていないようですが。

B: 作り直してまいります。

좀 덜 익은 것 같은데요.
다시 만들어 가져오겠습니다.

간장을 갖다 주세요.

醬油を取ってください。

쇼-유오 돗떼 구다사이

밥 하나 더 주세요.

ご飯のおかわりをください。

고한노 오까와리오 구다사이

좀더 구워 주세요.

もう少し焼いてください。

모- 스꼬시 야이떼 구다사이

테이블을 치워 주세요.

テーブルを片付けてください。

테-부루오 가따즈케떼 구다사이

이 요리는 먹지 않았습니다.

この料理は食べていません。

고노 료-리와 다베떼 이마셍

가져가도 됩니까?

持ち帰ってもいいですか。

모찌카엣떼모 이-데스까

Conversation

A: はしを落してしまいましたが。

B: 新しいものを持ってまいります。

젓가락을 떨어뜨렸는데요.
새 것으로 갖다 드리겠습니다.

음식맛의 표현

>> 녹음을 듣고 소리내어 읽어볼까요?

<< 듣기 >>

이거 정말 맛있군요.

これ、とてもおいしいですね。

고레, 도떼모 오이시-데스네

맛이 없군요.

まずいですね。

마즈이데스네

이 된장국은 짜군요.

この味噌汁はしょっぱいですね。

고노 미소시루와 숍빠이데스네

너무 달군요.

甘すぎますね。

아마스기마스네

이건 좀 맵군요.

これはちょっと辛いですね。

고레와 촛또 카라이데스네

이건 별로 입에 맞지 않군요.

これはあまり口に合わないですね。

고레와 아마리 구찌니 아와나이데스네

Conversation

A: 味はどうですか。

B: ちょっと薄味ですね。

맛은 어때요?

좀 싱겁군요.

>> 녹음을 듣고 소리내어 읽어볼까요?

<< 듣기 >>

계산해주세요.

お勘定をお願いします。

오칸죠-오 오네가이시마스

여기서 계산하나요?

ここで払えますか。

고꼬데 하라에마스까

계산을 따로따로 하고 싶은데요.

勘定を別々に払いたいんですが。

간죠-오 베쯔베쯔니 하라이따인데스가

제가 전부 내겠습니다.

わたしがまとめて払います。

와따시가 마또메떼 하라이마스

여기는 선불인가요?

ここは前払いですか。

고꼬와 마에바라이데스까

이 요금은 뭡니까?

この料金は何ですか。

고노 료-낑와 난데스까

Conversation

A: こちらがお勘定となっております。
B: テーブルで支払いできますか。

계산서는 여기 있습니다.
테이블에서 지불해도 되나요?

음료와 술을 마실 때

커피를 마실까요?

コーヒーを飲みましょうか。

코-히-오 노미마쇼-까

어디서 한 잔 할까요?

どこかで一杯やりましょうか。

도꼬까데 입빠이 야리마쇼-까

건배!

乾杯!

감빠이

술이 상당히 세 보이네요.

お酒がなかなか強そうですね。

오사께가 나까나까 쓰요소-데스네

저는 별로 못 마셔요.

わたしはあまり飲めないんですよ。

와따시와 아마리 노메나인데스요

잠깐 술을 깰게요.

ちょっと酔いをさますよ。

촛또 요이오 사마스요

Conversation

A: もう少しビールをいかがですか。

B: ありがとう。

맥주 좀 더 마실래요?
고마워요.

● 대화 내용의 녹음을 듣고 우리말을 일본어로 말해 보세요.

Unit 01

A: どんなお料理が好きですか。

B: 일본요리를 먹고 싶은데요.

Unit 02

A: 오늘밤 7시에 5인분을 예약하고 싶은데요.

B: あいにく今晩は満席です。

Unit 03

A: こんばんは。 두 사람인데요, 좌석은 있나요?

B: あいにく満席なのでお待ち願うことになりますが。

Unit 04

A: 무얼 추천하시겠어요?

B: どんなものが食べたいのですか。

Unit 05

A: 주문한 게 아직 안 나왔는데요.

B: いつご注文なさいましたか。

Unit 06

A: 좀 덜 익은 것 같은데요.

B: 作り直してまいります。

Unit 07

A: 젓가락을 떨어뜨렸는데요.

B: 新しいものを持ってまいります。

Unit 08

A: 味はどうですか。

B: 좀 싱겁군요.

Unit 09

A: こちらがお勘定となっております。

B: 테이블에서 지불해도 되나요?

Unit 10

A: 맥주 좀 더 마실래요?

B: ありがとう。

PART

10

旅行表現

✿ 만만하게
✿ 눈으로 읽고
✿ 귀로 듣고
✿ 입으로 소리내어 말한다!

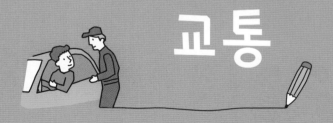

교통

길을 묻거나 알려줄 때

길을 잃었는데요.

道に迷ったんですが。

미찌니 마욧딴데스가

여기는 어디죠?

ここはどこですか。

고꼬와 도꼬데스까

저는 이 지도 어디에 있죠?

わたしは、この地図のどこにいるのですか。

와따시와, 고노 치즈노 도꼬니 이루노데스까

역은 어떻게 가면 좋을까요?

駅へはどう行ったらいいですか。

에끼에와 도- 잇따라 이-데스까

미안합니다. 잘 모르겠어요.

すみません。よくわかりません。

스미마셍. 요꾸 와까리마셍

저도 여기는 처음이에요.

わたしもここははじめてです。

와따시모 고꼬와 하지메떼데스

Conversation

A: わたしは、この地図のどこにいるのですか。

B: いま、ここにいるのです。

저는 이 지도의 어디에 있죠?
지금 여기에 있습니다.

택시를 탈 때

>> 녹음을 듣고 소리내어 읽어볼까요?   《 듣기 》

택시를 불러 주세요.

タクシーを呼んでください。

타꾸시-오 욘데 구다사이

택시승강장은 어디에 있어요?

タクシー乗り場はどこですか。

타꾸시-노리바와 도꼬데스까

트렁크를 열어 주세요.

トランクを開けてください。

토랑쿠오 아케떼 구다사이

이리 가 주세요.

ここへ行ってください。

고꼬에 잇떼 구다사이

공항까지 가 주세요.

空港までお願いします。

쿠-꼬-마데 오네가이 시마스

여기서 세워 주세요.

ここで止めてください。

고꼬데 도메떼 구다사이

Conversation

A: タクシーを呼んでもらえますか。

B: 少し時間がかかりますよ。

택시를 불러 주시겠어요?

시간이 좀 걸립니다.

>> 녹음을 듣고 소리내어 읽어볼까요? 　　　　　　　　　　　<< 듣기 >>

버스정류장은 어디서 있어요?

バス停はどこにありますか。

바스떼-와 도꼬니 아리마스까

여기 버스정류장에서 내리면 돼요?

ここのバス停で降りればいいですか。

고꼬노 바스떼-데 오리레바 이-데스까

이 버스는 공원까지 가나요?

このバスは公園まで行きますか。

고노 바스와 코-엠마데 이끼마스까

저기요. 이 자리는 비어 있어요?

すみません、この席は空いていますか。

스미마셍, 고노 세끼와 아이떼 이마스까

여기요, 내릴게요.

すみません、降ります。

스미마셍, 오리마스

버스터미널은 어디에 있어요?

バスターミナルはどこにありますか。

바스 타-미나루와 도꼬니 아리마스까

Conversation

A: バスの運賃はいくらですか。
B: 300円です。
　　버스 요금은 얼마죠?
　　300엔입니다.

전철·지하철을 탈 때

가장 가까운 역은 어디인가요?

もよりの駅はどこですか。

모요리노 에끼와 도꼬데스까

지하철의 노선도는 없나요?

地下鉄の路線図はありませんか。

치카테쯔노 로센즈와 아리마셍까

이 전철을 타면 되나요?

この電車に乗ればいいですか。

도노 덴샤니 노레바 이-노데스까

이 역은 급행전철이 서나요?

この駅は急行電車は止まりますか。

고노 에끼와 큐-꼬-덴샤와 도마리마스까

마지막 전철은 몇 시인가요?

終電は何時ですか。

슈-뎅와 난지데스까

어디서 갈아타나요?

どの駅で乗り換えるのですか。

도노 에끼데 노리까에루노데스까

Conversation

A: この電車に乗ればいいのですか。

B: いいえ、JRに乗ってください。

이 전철을 타면 되죠?

아뇨, JR을 타세요.

열차를 탈 때

《 듣기 》

매표소는 어디에 있어요?

切符売り場はどこですか。

깁뿌우리바와 도꼬데스까

도쿄까지 편도를 주세요.

東京までの片道切符をください。

토-꾜-마데노 카따미찌 깁뿌오 구다사이

더 이른 열차는 없어요?

もっと早い列車はありませんか。

못또 하야이 렛샤와 아리마셍까

이건 교토행인가요?

これは京都行きですか。

고레와 쿄-또유끼데스까

중간에 내릴 수 있어요?

途中で下車はできますか。

도쮸-데 게샤와 데끼마스까

열차를 놓치고 말았어요.

列車に乗り遅れてしまいました。

렛샤니 노리오꾸레떼 시마이마시다

Conversation

A: すみません、切符売り場はどこですか。
B: この通路にそって行くと右にあります。

미안합니다, 매표소는 어디에 있어요?
이 통로를 따라가면 오른쪽에 있어요.

Unit 06 비행기를 탈 때

<< 듣기 >>

비행기 예약을 부탁할게요.

フライトの<ruby>予約<rt>よやく</rt></ruby>を<ruby>お願<rt>ねが</rt></ruby>いします。

후라이토노 요야꾸오 오네가이시마스

지금 체크인할 수 있어요?

<ruby>今<rt>いま</rt></ruby>チェックインできますか。

이마 첵쿠인 데끼마스까

이 짐은 기내로 가져 갈 거예요.

この<ruby>荷物<rt>にもつ</rt></ruby>は<ruby>機内<rt>きない</rt></ruby><ruby>持<rt>も</rt></ruby>ちこみです。

고노 니모쯔와 기나이 모찌꼬미데스

이 짐을 맡길게요.

この<ruby>荷物<rt>にもつ</rt></ruby>をあずけます。

고노 니모쯔오 아즈께마스

탑승은 시작되었어요?

<ruby>搭乗<rt>とうじょう</rt></ruby>は<ruby>始<rt>はじ</rt></ruby>まっていますか。

토-죠-와 하지맛떼 이마스까

몇 번 출구로 가면 되죠?

<ruby>何番<rt>なんばん</rt></ruby>ゲートに<ruby>行<rt>い</rt></ruby>けばいいのですか。

남반 게-토니 이께바 이-노데스까

Conversation

A: <ruby>出発<rt>しゅっぱつ</rt></ruby><ruby>時刻<rt>じこく</rt></ruby>を<ruby>確認<rt>かくにん</rt></ruby>したいのですが。

B: <ruby>お名前<rt>なまえ</rt></ruby>と<ruby>便名<rt>びんめい</rt></ruby>をどうぞ。

출발시각을 확인하고 싶은데요.
성함과 편명을 말씀하십시오.

듣기

렌터카를 빌리고 싶은데요.

レンタカーを借りたいんですが。

렌타카-오 가리따인데스가

렌터카 목록을 보여 주세요.

レンタカーリストを見せてください。

렌타카- 리스토오 미세떼 구다사이

차종은 뭐가 좋을까요?

車種は何がいいですか。

샤슈와 나니가 이-데스까

요금은 어떻게 됩니까?

料金はどうなっていますか。

료-낑와 도- 낫떼 이마스까

도로지도를 주시겠어요?

道路地図をいただけますか。

도-로치즈오 이따다께마스까

운전면허증을 보여주시겠어요?

運転免許証を見せてくださいませんか。

운뗌멩꾜쇼-오 미세떼 구다사이마셍까

Conversation

A: 車種は何がいいですか。
B: 安くて運転しやすい車がいいですね。

차종은 뭐가 좋을까요?
싸고 운전하기 쉬운 차가 좋겠군요.

자동차를 운전할 때

>> 녹음을 듣고 소리내어 읽어볼까요?

여기에 주차해도 될까요?

ここに駐車_{ちゅうしゃ}してもいいですか。

고꼬니 츄-샤시떼모 이-데스까

이 근처에 주유소가 있어요?

この近_{ちか}くにガソリンスタンドはありますか。

고노 치카꾸니 가소린스탄도와 아리마스까

가득 넣어 주세요.

満_{まん}タンにしてください。

만딴니 시떼 구다사이

타이어가 펑크 났어요.

タイヤがパンクしました。

타이야가 팡쿠시마시다

다음 휴게소에서 밥을 먹읍시다.

次_{つぎ}のサービスエリアでご飯_{はん}を食_たべましょう。

쓰기노 사-비스에리아데 고항오 다베마쇼-

차를 반환할게요.

車_{くるま}を返_{かえ}します。

구루마오 가에시마스

Conversation

A: さあ、駅_{えき}まで乗_のせてあげますよ。
B: ええ、乗_のせていただけると助_{たす}かります。

자, 역까지 태워드릴게요.
네, 태워주시면 도움이 되겠습니다.

Unit 09 교통사고가 났을 때

교통사고예요!
交通事故ですよ!
고-쓰-지꼬데스요

구급차를 불러 주세요.
救急車を呼んでください。
큐-뀨-샤오 욘데 구다사이

도와줘요! 사고예요!
助けて! 事故ですよ!
다스케떼! 지꼬데스요

경찰을 불러 주세요.
警察を呼んでください。
케-사쯔오 욘데 구다사이

저에게는 과실이 없어요.
わたしのほうには過失はありません。
와따시노 호-니와 카시쯔와 아리마셍

이 사고는 제 탓입니다.
この事故はわたしのせいです。
고노 지꼬와 와따시노 세-데스

Conversation

A: **助けて! 事故ですよ!**
B: **大丈夫ですか。お怪我はありませんか。**
도와줘요! 사고예요!
괜찮아요? 다친 데는 없나요?

위급한 상황일 때

위험해요!

危ないです!

아부나이데스

다가오지 말아요!

近づかないでください!

치까즈까나이데 구다사이

위급해요!

緊急です!

깅뀨-데스

도와주세요!

助けてください!

다스께떼 구다사이

누구 좀 와 주세요!

だれか来てください!

다레까 기떼 구다사이

그만두세요!

やめてください!

야메떼 구다사이

Conversation

A: 緊急です!
B: 何が起こったんですか。

위급해요!
무슨 일이 일어났어요?

● 대화 내용의 녹음을 듣고 우리말을 일본어로 말해 보세요.

Unit 01

A: 저는 이 지도의 어디에 있죠?

B: いま、ここにいるのです。

Unit 02

A: 택시를 불러 주시겠어요?

B: 少し時間がかかりますよ。

Unit 03

A: 버스 요금은 얼마죠?

B: 300円です。

Unit 04

A: 이 전철을 타면 되죠?

B: いいえ、JRに乗ってください。

Unit 05

A: 미안합니다, 매표소는 어디에 있어요?

B: この通路にそって行くと右にあります。

Unit 06

A: 출발시각을 확인하고 싶은데요.

B: お名前と便名をどうぞ。

Unit 07

A: 車種は何がいいですか。

B: 싸고 운전하기 쉬운 차가 좋겠군요.

Unit 08

A: さあ、駅まで乗せてあげますよ。

B: ええ、태워주시면 도움이 되겠습니다.

Unit 09

A: 도와줘요! 사고예요!

B: 大丈夫ですか。お怪我はありませんか。

Unit 10

A: 緊急です!

B: 무슨 일이 일어났어요?

11 PART

旅行表現

✿ 만만하게
✿ 눈으로 읽고
✿ 귀로 듣고
✿ 입으로 소리내어 말한다!

관광

>> 녹음을 듣고 소리내어 읽어볼까요? << 듣기 >>

관광안내소는 어디에 있어요?

観光案内所はどこですか。
<small>かんこうあんないじょ</small>

캉꼬-안나이죠와 도꼬데스까

관광 팸플릿을 주세요.

観光パンフレットをください。
<small>かんこう</small>

캉꼬- 팡후렛토오 구다사이

여기서 볼 만한 곳을 알려 주세요.

ここの見どころを教えてください。
<small>み　　　　　おし</small>

고꼬노 미도꼬로오 오시에떼 구다사이

지금 인기가 있는 관광지는 어디죠?

今人気のある観光スポットはどこですか。
<small>いまにんき　　　　　かんこう</small>

이마 닝끼노 아루 캉꼬- 스폿토와 도꼬데스까

뭔가 축제는 하고 있나요?

何かお祭りはやっていますか。
<small>なに　　まつ</small>

나니까 오마쯔리와 얏떼 이마스까

여기서 입장권을 살 수 있나요?

ここで入場券が買えますか。
<small>にゅうじょうけん　か</small>

고꼬데 뉴-죠-껭가 가에마스까

Conversation

A: **日帰りではどこへ行けますか。**
<small>ひがえ　　　　　い</small>

B: **そうですね。日帰りならここがいいですね。**
<small>ひがえ</small>

당일치기로는 어디에 갈 수 있죠?
글쎄요. 당일치기라면 여기가 좋겠군요.

관광버스·투어를 이용할 때

>> 녹음을 듣고 소리내어 읽어볼까요?　　**<< 듣기 >>**

어떤 종류의 투어가 있나요?

どんな種類のツアーがありますか。

돈나 슈루이노 쓰아가 아리마스까

투어 팜플렛을 주세요.

ツアーのパンフレットをください。

쓰아-노 팡후렛토오 구다사이

시내 투어는 있나요?

市内のツアーはありますか。

시나이노 쓰아-와 아리마스까

야간관광은 있나요?

ナイトツアーはありますか。

나이토쓰아-와 아리마스까

당일치기할 수 있는 곳이 좋겠는데요.

日帰りできるところがいいんですが。

히가에리 데끼루 도꼬로가 이인데스가

투어는 몇 시간 걸립니까?

ツアーは何時間かかりますか。

쓰아-와 난지깡 가까리마스까

Conversation

A: 出発は何時ですか。
B: 午前9時までにお乗りください。

출발은 몇 시인가요?
오전 9시까지 타십시오.

저것은 무엇이죠?

あれは何<small>なん</small>ですか。

아레와 난데스까

저 건물은 무엇이죠?

あの建物<small>たてもの</small>は何<small>なん</small>ですか。

아노 다떼모노와 난데스까

저건 뭐라고 하죠?

あれは何<small>なん</small>と言<small>い</small>いますか。

아레와 난또 이-마스까

정말로 경치가 멋지군요.

ほんとうに景色<small>けしき</small>がすばらしいですね。

혼또-니 케시끼가 스바라시데스네

여기서 얼마나 머물죠?

ここでどのくらい止<small>と</small>まりますか。

고꼬데 도노쿠라이 도마리마스까

몇 시에 버스로 돌아오면 되죠?

何時<small>なんじ</small>にバスに戻<small>もど</small>ってくればいいですか。

난지니 바스니 모돗떼 구레바 이-데스까

Conversation

A: あの建物<small>たてもの</small>は何<small>なん</small>ですか。
B: あれはとても有名<small>ゆうめい</small>なお店<small>みせ</small>です。

저 건물은 무엇이죠?
저건 매우 유명한 가게입니다.

>> 녹음을 듣고 소리내어 읽어볼까요?

<< 듣기 >>

입장은 유료인가요, 무료인가요?
にゅうじょう　ゆうりょう　　　　　むりょう
入場は有料ですか、無料ですか。
뉴-죠-와 유-료-데스까, 무료-데스까

입장료는 얼마죠?
にゅうじょうりょう
入場料はいくらですか。
뉴-죠-료-와 이꾸라데스까

단체할인은 없나요?
だんたいわりびき
団体割引はありませんか。
단따이 와리비끼와 아리마셍까

이걸로 모든 전시를 볼 수 있어요?
てんじ　み
これですべての展示が見られますか。
고레데 스베떼노 텐지가 미라레마스까

전시 팸플릿은 있어요?
てんじ
展示のパンフレットはありますか。
텐지노 팡후렛토와 아리마스까

재입관할 수 있어요?
さいにゅうかん
再入館できますか。
사이뉴-깐 데끼마스까

Conversation

A: チケットを予約したいのですが。
よやく

B: 今は、立ち見席しかありません。
いま　　たちみせき

티켓을 예약하고 싶은데요.
지금은 입석밖에 없습니다.

사진을 찍을 때

사진 좀 찍어 주시겠어요?

写真を撮ってもらえませんか。

샤싱오 돗떼 모라에마셍까

여기서 사진을 찍어도 될까요?

ここで写真を撮ってもいいですか。

고꼬데 샤싱오 돗떼모 이-데스까

여기에서 우리들을 찍어 주세요.

ここからわたしたちを写してください。

고꼬까라 와따시타찌오 우쯔시떼 구다사이

자, 김치.

はい、チーズ。

하이, 치-즈

여러 분, 찍을게요.

みなさん、写しますよ。

미나상, 우쯔시마스요

한 장 더 부탁할게요.

もう一枚お願いします。

모- 이찌마이 오네가이시마스

Conversation

A: 写真を撮ってもいいですか。
B: はい。ぜひ撮ってください。

사진을 찍어도 될까요?
예, 자 찍으세요.

Unit 06 파친코에서

>> 녹음을 듣고 소리내어 읽어볼까요?   << 듣기 >>

파친코에 가보지 않겠어요?

パチンコ屋へ行ってみませんか。

파찡꼬야에 잇떼 미마셍까

좋은 파친코를 소개해 주세요.

いいパチンコ屋を紹介してください。

이- 파칭꼬야오 쇼-까이시떼 구다사이

여기에 걸게요.

これにかけます。

고레니 가께마스

구슬을 돌릴게요.

玉を回します。

다마오 마와시마스

잠깐 쉴게요.

ちょっと休みます。

촛또 야스미마스

이겼어요.

勝ちました。

가찌마시다

A: ここでやってもいいですか。

B: はい、もちろんいいですよ。

여기서 해도 됩니까?
네, 물론 되죠.

>> 녹음을 듣고 소리내어 읽어볼까요?　　　《 듣기 》

그 나이트클럽은 손님이 많나요?

そのナイトクラブには客が多いですか。

소노 나이토쿠라부니와 캬꾸가 오-이데스까

카바레에 가서 한 잔 합시다.

キャバレーに行って一杯やりましょう。

캬바레-니 잇떼 입빠이 야리마쇼-

비어홀에 가서 맥주라도 마십시다.

ビヤホールに行ってビールでも飲みましょう。

비야호-루니 잇떼 비-루데모 노미마쇼-

노래방은 있나요?

カラオケボックスはありますか。

카라오케 복쿠스와 아리마스까

저는 한국 노래를 부르겠습니다.

わたしは韓国の歌を歌います。

와따시와 캉꼬꾸노 우따오 우따이마스

노래 선곡집을 보여 주세요.

歌のリストを見せてください。

우따노 리스토오 미세떼 구다사이

Conversation

A: リクエストをしたいのですが、いいですか。
B: はい、お先にどうぞ。
　　곡을 신청하고 싶은데, 괜찮아요?
　　네, 먼저 하십시오.

Unit 08 스포츠·레저 즐기기

>> 녹음을 듣고 소리내어 읽어볼까요?

<< 듣기 >>

골프를 치고 싶은데요.

ゴルフをしたいのですが。

고루후오 시따이노데스가

오늘 플레이할 수 있나요?

今日、プレーできますか。

코-, 푸레- 데끼마스까

초보자도 괜찮습니까?

初心者でも大丈夫ですか。

쇼신샤데모 다이죠-부데스까

스키를 타고 싶은데요.

スキーをしたいのですが。

스키-오 시따이노데스가

레슨을 받고 싶은데요.

レッスンを受けたいのですが。

렛승오 우케따이노데스가

등산은 좋아하세요?

山登りは好きですか。

야마노보리와 스끼데스까

Conversation

A: 明日ゴルフをしたいのですが。
B: 何時にプレーされますか。

내일 골프를 하고 싶은데요.
몇 시에 플레이하시겠습니까?

PART 11 관광 • 143

>> 녹음을 듣고 소리내어 읽어볼까요?   << 듣기 >>

지금 무척 곤란해요.

いま、たいへん困ってるんです。

이마, 다이헹 고맛떼룬데스

어떻게 하면 좋을까요?

どうしたらいいでしょうか。

도-시따라 이-데쇼-까

무슨 좋은 방법은 없을까요?

何かいい方法はありませんか。

나니까 이- 호-호-와 아리마셍까

어떻게 좀 해 주세요.

何とかしてください。

난또까 시떼 구다사이

화장실은 어디에 있죠?

トイレはどこですか。

토이레와 도꼬데스까

그건 좀 곤란한데요.

それはちょっと困るんですが。

소레와 촛또 고마룬데스가

Conversation

A: 何か助けが必要ですか。

B: ありがとう。最寄りの駅はどこでしょうか。

무슨 도움이 필요하세요?
고마워요. 가장 가까운 역은 어디에 있나요?

말이 통하지 않을 때

일본어는 못해요.

日本語は話せません。

니홍고와 하나세마셍

일본어는 잘 못해요.

日本語はあまりできないんです。

니홍고와 아마리 데끼나인데스

제 일본어로는 부족해요.

わたしの日本語では不十分です。

와따시노 니홍고데와 후쥬-분데스

천천히 말씀해 주시겠어요?

ゆっくりと言っていただけますか。

육꾸리또 잇떼 이따다께마스까

한국어를 하는 분은 안 계세요?

韓国語を話す方はいませんか。

캉코꾸고오 하나스 가따와 이마셍까

이것은 일본어로 뭐라고 하죠?

これは日本語で何と言いますか。

고레와 니홍고데 난또 이-마스까

Conversation

A: 日本語は話せますか。

B: いいえ、あまりできないんです。

일본어는 할 줄 아세요?
아뇨, 잘 못합니다.

● 대화 내용의 녹음을 듣고 우리말을 일본어로 말해 보세요.

Unit 01

A: 당일치기로는 어디에 갈 수 있죠?

B: そうですね。日帰ひがえりならここがいいですね。

Unit 02

A: 출발은 몇 시인가요?

B: 午前ごぜん9時じまでにお乗のりください。

Unit 03

A: 저 건물은 무엇이죠?

B: あれはとても有名ゆうめいなお店みせです。

Unit 04

A: 티켓을 예약하고 싶은데요.

B: 今いまは、立たち見席みせきしかありません。

Unit 05

A: 사진을 찍어도 될까요?

B: はい。ぜひ撮とってください。

Unit 06

A: 여기서 해도 됩니까?

B: はい、もちろんいいですよ。

Unit 07

A: 곡을 신청하고 싶은데, 괜찮아요?

B: はい、お先さきにどうぞ。

Unit 08

A: 내일 골프를 하고 싶은데요.

B: 何時なんじにプレーされますか。

Unit 09

A: 何なにか助たすけが必要ひつようですか。

B: ありがとう。 가장 가까운 역은 어디에 있나요?

Unit 10

A: 日本語にほんごは話はなせますか。

B: 아뇨, 잘 못합니다.

12
PART

旅行表現

✿ 만만하게
✿ 눈으로 읽고
✿ 귀로 듣고
✿ 입으로 소리내어 말한다!

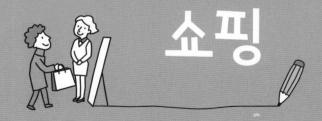

쇼핑

쇼핑가는 어디에 있나요?

ショッピング街はどこですか。

숍핑구가이와 도꼬데스까

면세점은 어디에 있나요?

免税店はどこにありますか。

멘제-뗑와 도꼬니 아리마스까

이 주변에 백화점은 있나요?

このあたりにデパートはありますか。

고노 아따리니 데파-토와 아리마스까

그건 어디서 살 수 있나요?

それはどこで買えますか。

소레와 도꼬데 가에마스까

그 가게는 오늘 문을 열었나요?

その店は今日開いていますか。

소노 미세와 쿄- 아이떼 이마스까

몇 시까지 하나요?

何時まで開いていますか。

난지마데 아이떼 이마스까

Conversation

A: ショッピングセンターを探しています。
B: 最近、新しいショッピングプラザができました。

쇼핑센터를 찾고 있습니다.
최근에 새로운 쇼핑플라자가 생겼습니다.

>> 녹음을 듣고 소리내어 읽어볼까요?　　《《 듣기 》》

이 근처에 슈퍼는 있나요?

この<ruby>近<rt>ちか</rt></ruby>くにスーパーはありますか。

고노 치까꾸니 스-파-와 아리마스까

가공식품 코너는 어딘가요?

<ruby>加工食品<rt>か こう しょく ひん</rt></ruby>のコーナーはどこですか。

가꼬-쇼꾸힌노 코-나-와 도꼬데스까

매장 안내는 있나요?

<ruby>売場案内<rt>うり ば あん ない</rt></ruby>はありますか。

우리바 안나이와 아리마스까

엘리베이터는 어디에 있나요?

エレベーターはどこですか。

에레베-타-와 도꼬데스까

이것에는 보증이 붙어있나요?

これには<ruby>保証<rt>ほ しょう</rt></ruby>が<ruby>付<rt>つ</rt></ruby>いてますか。

고레니와 호쇼-가 쓰이떼마스까

지금 주문하면 곧 받을 수 있나요?

いま<ruby>注文<rt>ちゅう もん</rt></ruby>すれば、すぐ<ruby>手<rt>て</rt></ruby>に<ruby>入<rt>はい</rt></ruby>りますか。

이마 츄-몬스레바, 스구 데니 하이리마스까

Conversation

A: <ruby>贈答用商品券<rt>ぞう とう よう しょう ひん けん</rt></ruby>はどこで<ruby>買<rt>か</rt></ruby>えますか。

B: はい、5<ruby>階<rt>かい</rt></ruby>の<ruby>文化<rt>ぶん か</rt></ruby>センターの<ruby>入口<rt>いり ぐち</rt></ruby>にございます。

선물용 상품권은 어디서 살 수 있습니까?
네, 5층 문화센터 입구에 있습니다.

물건을 찾을 때

무얼 찾으세요?

何_{なに}かお探_{さが}しですか。

나니까 오사가시데스까

그냥 구경하는 거예요.

見_みているだけです。

미떼이루 다께데스

잠깐 봐 주시겠어요?

ちょっとよろしいですか。

촛또 요로시-데스까

재킷을 찾는데요.

ジャケットを探_{さが}しています。

쟈켓토오 사가시떼 이마스

이것과 같은 것은 없어요?

これと同_{おな}じものはありませんか。

고레또 오나지 모노와 아리마셍까

이것뿐이에요?

これだけですか。

고레다께데스까

Conversation

A: 何_{なに}かお探_{さが}しですか。

B: はい、家内_{かない}へのプレゼントを見_みています。

무얼 찾으세요?
네, 아내에게 줄 선물을 보고 있습니다.

Unit 04 물건을 고를 때

그걸 봐도 될까요?

それを見てもいいですか。

소레오 미떼모 이-데스까

몇 가지 보여 주세요.

いくつか見せてください。

이꾸쓰까 미세떼 구다사이

다른 것을 보여 주세요.

別のものを見せてください。

베쯔노 모노오 미세떼 구다사이

더 좋은 것은 없어요?

もっといいのはありませんか。

못또 이-노와 아리마셍까

사이즈는 이것뿐이에요?

サイズはこれだけですか。

사이즈와 고레다께데스까

다른 디자인은 없어요?

他のデザインはありませんか。

호까노 데자잉와 아리마셍까

Conversation

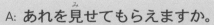

A: あれを見せてもらえますか。

B: かしこまりました。 はい、 どうぞ。

저걸 보여 주시겠어요?
알겠습니다. 자, 여기 있습니다.

좀 더 깎아 줄래요?

もう少し負けてくれますか。
<small>すこ ま</small>

모- 스꼬시 마케떼 구레마스까

더 싼 것은 없나요?

もっと安いものはありませんか。
<small>やす</small>

못또 야스이 모노와 아리마셍까

더 싸게 해 주실래요?

もっと安くしてくれませんか。
<small>やす</small>

못또 야스꾸시떼 구레마셍까

좀 비싼 것 같군요.

ちょっと高いようですね。
<small>たか</small>

춋또 다까이요-데스네

할인 좀 안 되나요?

少し割引できますか。
<small>すこ　　わりびき</small>

스꼬시 와리비끼 데끼마스까

미안해요. 다음에 올게요.

ごめんなさい。また来ます。
<small>き</small>

고멘나사이. 마따 기마스

Conversation

A: これを全部買ったら割引してくれますか。
<small>ぜんぶ か　　　わりびき</small>

B: ええ、考えますよ。
<small>かんが</small>

이걸 전부 사면 할인해 주나요?

예, 생각해볼게요.

물건 값을 계산할 때

>> 녹음을 듣고 소리내어 읽어볼까요?

<< 듣기 >>

이건 얼마예요?

これはいくらですか。

고레와 이꾸라데스까

전부해서 얼마인가요?

全部でいくらですか。

젬부데 이꾸라데스까

이건 세일 중인가요?

これはセール中ですか。

고레와 세-루 쮸-데스까

세금을 포함한 가격입니까?

税金を含んだ値段ですか。

제-낑오 후꾼다 네단데스까

신용카드로 지불하고 싶은데요.

クレジットカードで支払いたいんですが。

쿠레짓토 카-도데 시하라이따인데스가

왜 가격이 다른가요?

どうして値段が違うんですか。

도-시떼 네당가 치가운데스까

Conversation

A: これ、全部でいくらですか。
B: はい、税込みで13, 200円になります。

이거 전부해서 얼마인가요?
네, 세금 포함해서 13,200엔이 되겠습니다.

포장이나 배달을 원할 때

이건 배달해 주세요.

これは配達してください。

고레와 하이타쯔시떼 구다사이

호텔까지 갖다 주시겠어요?

ホテルまで届けてもらえますか。

호테루마데 도도께떼 모라에마스까

언제 배달해 주시겠어요?

いつ届けてもらえますか。

이쯔 도도께떼 모라에마스까

별도 요금이 드나요?

別料金がかかりますか。

베쯔료-낑가 가까리마스까

이 주소로 보내 주세요.

この住所に送ってください。

고노 쥬-쇼니 오꿋떼 구다사이

구입한 게 아직 배달되지 않았어요.

買ったものがまだ届きません。

갓따 모노가 마다 도도끼마셍

Conversation

A: これは配達してください。
B: はい、ここに住所を書いてください。

이건 배달해 주세요.
네, 여기에 주소를 적어 주세요.

교환이나 환불을 원할 때

반품하고 싶은데요.

返品したいのですが。

헴삔시따이노데스가

아직 쓰지 않았어요.

まだ使っていません。

마다 쓰깟떼 이마셍

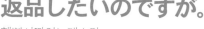

이걸 어제 샀어요.

これをきのう買いました。

고레오 기노- 가이마시다

다른 것으로 바꿔 주세요.

別のものと取り替えてください。

베쯔노 모노또 도리까에떼 구다사이

영수증은 여기 있어요.

領収書はここにあります。

료-슈-쇼와 고꼬니 아리마스

환불해 주시겠어요?

返金してもらえますか。

헹낀시떼 모라에마스까

Conversation

A: これ、買ったものと違います。

B: 領収書はありますか。

이거 산 물건하고 다릅니다.

영수증은 있어요?

>> 녹음을 듣고 소리내어 읽어볼까요?

<< 듣기 >>

여권을 잃어버렸어요.

パスポートをなくしました。

파스포-토오 나꾸시마시다

전철에 가방을 놓고 내렸어요.

電車にバッグを忘れました。

덴샤니 박구오 와스레마시다

유실물 센터는 어디에 있죠?

紛失物係はどこですか。

훈시쯔부쯔 가까리와 도꼬데스까

누구에게 알리면 되죠?

だれに知らせたらいいですか。

다레니 시라세따라 이-데스까

무엇이 들어있었죠?

何が入っていましたか。

나니가 하잇떼 이마시다까

찾으면 연락드릴게요.

見つかったら連絡します。

미쓰깟따라 렌라꾸시마스

Conversation

A: **電車にバッグを忘れました。**
B: **何線ですか。**
　　전철에 가방을 놓고 내렸어요.
　　무슨 선입니까?

Unit 10 도난당했을 때

>> 녹음을 듣고 소리내어 읽어볼까요?   《 듣기 》

강도예요!

強盗ですよ!

고-또-데스요

돈을 빼앗겼어요.

お金を奪われました。

오까네오 우바와레마시다

스마트폰을 도둑맞았어요.

スマートフォンを盗まれました。

스마-토횡오 누스마레마시다

전철 안에서 지갑을 소매치기 당했어요.

電車の中で財布をすられました。

덴샤노 나까데 사이후오 스라레마시다

방에 도둑이 든 것 같아요.

部屋に泥棒が入ったようなんです。

헤야니 도로보-가 하잇따요-난데스

도난신고서를 내고 싶은데요.

盗難届けを出したいんですが。

도-난토도께오 다시따인데스가

Conversation

A: **金をよこせ。さもないと殺すぞ!**
B: **お金は持っていません!**

돈을 내놔. 그렇지 않으면 죽이겠다!
돈은 안 갖고 있어요!

● 대화 내용의 녹음을 듣고 우리말을 일본어로 말해 보세요.

Unit 01

A: 쇼핑센터를 찾고 있습니다.

B: **最近、新しいショッピングプ ラザができました。**

Unit 02

A: 선물용 상품권은 어디서 살 수 있습니까?

B: **はい、５階の文化センターの 入口にございます。**

Unit 03

A: **何かお探しですか。**

B: **はい、** 아내에게 줄 선물을 보고 있습니다.

Unit 04

A: 저걸 보여 주시겠어요?

B: **かしこまりました。はい、ど うぞ。**

Unit 05

A: 이걸 전부 사면 할인해 주나요?

B: **ええ、考えますよ。**

Unit 06

A: 이거 전부해서 얼마인가요?

B: **はい、税込みで13,200円にな ります。**

Unit 07

A: 이건 배달해 주세요.

B: **はい、ここに住所を書いてく ださい。**

Unit 08

A: 이거 산 물건하고 다릅니다.

B: **領収書はありますか。**

Unit 09

A: 전철에 가방을 놓고 내렸어요.

B: **何線ですか。**

Unit 10

A: **金をよこせ。さもないと殺す ぞ!**

B: 돈은 안 갖고 있어요!

PART 13

日常表現

✿ 만만하게
✿ 눈으로 읽고
✿ 귀로 듣고
✿ 입으로 소리내어 말한다!

 하루일과

일어날 때

>> 녹음을 듣고 소리내어 읽어볼까요?   《 듣기 》

빨리 일어나라.

早く起きなさい。

하야꾸 오끼나사이

여보, 이제 일어날 시간이에요!

あなた、もう起きる時間ですよ！

아나따, 모- 오끼루 지깐데스요

푹 잤어요.

ぐっすり寝ましたよ。

굿스리 네마시다요

알람을 꺼 주세요.

目覚まし時計を止めてください。

메자마시도께-오 도메떼 구다사이

아직 졸려요.

まだ眠いですよ。

마다 네무이데스요

날씨는 어때요?

お天気はどうですか。

오텡끼와 도-데스까

Conversation

A: よく眠れましたか。

B: いいえ、悪い夢をみました。

잘 잤어요?

아뇨, 나쁜 꿈을 꿨어요.

>> 녹음을 듣고 소리내어 읽어볼까요?

<< 듣기 >>

잠옷을 개거라.

パジャマを片付けなさい。

파쟈마오 가따즈께나사이

커텐을 열고, 이불도 개자.

カーテンを開けて、布団もたたもう。

카-텡오 아케떼, 후똥모 다따요-

샤워 좀 하고 와요.

シャワーを浴びていらっしゃい。

샤와-오 아비떼 이랏샤이

신문 좀 가져와요.

新聞を取ってきてね。

심붕오 돗떼 기떼네

아침밥을 먹기 전에 세수를 하거라.

朝ご飯の前に顔を洗いなさい。

아사고한노 마에니 가오오 아라이나사이

이는 닦았니?

歯は磨いたの。

하와 미가이따노

Conversation

A: 遅くなりました。朝食は要りませんよ。

B: でも少しは食べないとね。

늦었어요. 아침식사는 안 먹을래요.
그래도 조금은 먹어야지.

>> 녹음을 듣고 소리내어 읽어볼까요?　《 듣기 》

아침 먹을 시간이에요.

朝食の時間ですよ。
ちょうしょく　じかん

쵸―쇼꾸노 지깐데스요

아침식사 준비가 다 됐어요.

朝ご飯の準備ができましたよ。
あさ　はん　じゅんび

아사고한노 쥼비가 데끼마시따요

아침밥이 식겠어요.

朝ご飯が冷めますよ。
あさ　はん　さ

아사고항가 사메마스요

나중에 먹을게요.

後で食べます。
あと　た

아또데 다베마스

아침밥은 뭐예요?

朝ご飯は何ですか。
あさ　はん　なん

아사고항와 난데스까

아침식사는 안 거르는 게 좋아요.

朝食は抜かないほうがいいですよ。
ちょうしょく　ぬ

쵸-쇼꾸와 누까나이 호-가 이-데스요

Conversation

A: **さあ、ご飯ですよ。**
はん

B: **はい、いただきます。**

자, 밥 먹어요.
네, 잘 먹겠습니다.

집을 나설 때

 듣기

오늘은 무얼 입을까?

今日は何を着ようかな。

쿄-와 나니오 기요-까나

빨리 갈아입어라.

早く着替えなさい。

하야꾸 기가에나사이

서두르지 않으면 지각해.

早くしないと遅刻するわよ。

하야꾸 시나이또 치코꾸스루와요

문은 잠갔어요?

ドアに鍵をかけましたか。

도아니 카기오 가께마시다까

뭐 잊은 건 없니?

何か忘れてはいないの?

나니까 와스레떼와 이나이노

다녀올게요.

行ってきます。

잇떼 기마스

Conversation

A: お弁当は持った?

B: 遅刻だ。

도시락은 챙겼니?

늦었어.

방 좀 치워라.
部屋を片付けなさい。
헤야오 가따즈께나사이

좀 거들어 줘요.
お手伝いをしてね。
오테쓰다이오 시떼네

청소 좀 거들어 줘요.
掃除を手伝ってね。
소-지오 테쓰닷떼네

세탁물을 말려 줘요.
洗濯物を干してね。
센타꾸모노오 호시떼네

개에게 밥 좀 줘요.
犬にえさをあげてね。
이누니 에사오 아게떼네

그 셔츠를 다려 주세요.

そのシャツにアイロンをかけてください。
소노 샤쓰니 아이롱오 카께떼 구다사이

Conversation

A: **まあ、散らかってること！**
B: **すぐ片付けますよ。**
어머, 난장판이구나!
금방 치울게요.

Unit 06 귀가

곧장 집으로 갈까?

まっすぐ家に帰ろうかな。

맛스구 이에니 가에로-까나

다녀왔어요.

ただいま。

다다이마

어서 와요.

おかえりなさい。

오까에리나사이

피곤한데.

疲れたな。

쓰까레따나

오늘은 즐거웠니?

今日は楽しかった？

쿄-와 다노시깟따

일은 어땠어요?

仕事はどうでしたか。

시고또오 도-데시다까

Conversation

A: 今日はどうでした？

B: 今日はすべてうまくいったよ。

오늘은 어땠어요?

오늘은 모두 잘 됐어요.

>> 녹음을 듣고 소리내어 읽어볼까요?　　　《〈 듣기 〉》

저녁은 무얼로 할까요?

夕食は何にしましょうか。

유-쇼꾸와 나니니 시마쇼-까

저녁밥 다 되었어요?

晩ご飯はできましたか。

방고항와 데끼마시다까

식사 준비를 거들어 주겠니?

ご飯の支度を手伝ってくれる?

고한노 시타꾸오 데쓰닷떼 구레루

잘 먹겠습니다.

いただきます。

이따다끼마스

잘 먹었습니다.

ごちそうさま。

고찌소-사마

그릇 좀 치워 주겠니?

お皿を片付けてくれる?

오사라오 가따즈께떼 구레루

Conversation

A: ちゃんと手を洗った?

B: はい。これ、ほんとうにおいしそうですね。

손은 잘 씻었니?
네. 이거 정말 맛있어 보이네요.

저녁시간을 보낼 때

>> 녹음을 듣고 소리내어 읽어볼까요?

역시 집이 좋아!

やっぱり家はいいな。

얍빠리 이에와 이-나

샤워 좀 할까?

シャワーを浴びるか。

샤와-오 아비루까

목욕물이 데워졌어요.

お風呂がわいてるよ。

오후로가 와이떼루요

텔레비전을 더 보고 싶어요.

もっとテレビが見たいですよ。

못또 테레비가 미따이데스요

숙제는 끝났니?

宿題は終わったの?

슈꾸다이와 오왓따노

내일 준비는 다 했니?

あしたの用意はできているの?

아시따노 요-이와 데끼떼 이루노

Conversation

A: 今何やってるの?

B: テレビを見ていますよ。

지금 무얼 하고 있니?

텔레비전을 보고 있어요.

Unit 09 휴일

>> 녹음을 듣고 소리내어 읽어볼까요?   << 듣기 >>

오늘은 어떻게 보낼까?

今日はどうやって過そうかな。

쿄-와 도-얏떼 스고소-까나

낮잠을 자고 싶군.

昼寝をしたいな。

히루네오 시따이나

백화점에 쇼핑 갑시다.

デパートに買い物に行きましょう。

데파-토니 가이모노니 이끼마쇼-

개를 데리고 산책을 가자.

犬を連れて散歩に行こう。

이누오 쓰레떼 삼뽀니 이꼬-

오늘은 데이트가 있어요.

今日はデートなんですよ。

쿄-와 데-토난데스요

프로야구를 보러 갑시다.

プロ野球を見に行きましょう。

프로야뀨-오 미니 이기마쇼-

Conversation

A: 今夜は外食しましょう。

B: どこか行きたい店はありますか。

오늘밤에는 외식합시다.

어디 가고 싶은 가게는 있어요?

잠잘 때

>> 녹음을 듣고 소리내어 읽어볼까요?   << 듣기 >>

오늘밤은 일찍 잡시다.

今夜は早く寝ましょう。

공야와 하야꾸 네마쇼-

이제 잘 시간이에요.

もう寝る時間ですよ。

모- 네루 지깡데스요

텔레비전을 보지 말고 일찍 자거라.

テレビを見ないで早く寝なさい。

테레비오 미나이데 하야꾸 네나사이

내일은 아침 일찍 깨워줘요.

あしたは朝早く起こしてね。

아시따와 아사하야꾸 오꼬시떼네

좋은 꿈꾸세요.

いい夢を見ますように。

이- 유메오 미마스요-니

안녕히 주무세요(잘 자거라).

おやすみなさい。

오야스미나사이

Conversation

A: 寝ていたの?

B: いいや、起きていたよ。

자고 있었니?

아냐, 안 자고 있었어.

● 대화 내용의 녹음을 듣고 우리말을 일본어로 말해 보세요.

Unit 01

A: 잘 잤어요?

B: いいえ、悪（わる）い夢（ゆめ）をみました。

Unit 02

A: 遅（おそ）くなりました。아침식사는 안 먹을래요.

B: でも少（すこ）しは食（た）べないとね。

Unit 03

A: さあ、밥 먹어요.

B: はい、いただきます。

Unit 04

A: 도시락은 챙겼니?

B: 遅刻（ちこく）だ。

Unit 05

A: まあ、散（ち）らかってること!

B: 금방 치울게요.

Unit 06

A: 오늘은 어땠어요?

B: 今日（きょう）はすべてうまくいったよ。

Unit 07

A: ちゃんと手（て）を洗（あら）った?

B: はい。이거 정말 맛있어 보이네요.

Unit 08

A: 今何（いまなに）やってるの?

B: 텔레비전을 보고 있어요.

Unit 09

A: 오늘밤에는 외식합시다.

B: どこか行（い）きたい店（みせ）はありますか。

Unit 10

A: 자고 있었니?

B: いいや、起（お）きていたよ。

PART 14

日常表現

✿ 만만하게
✿ 눈으로 읽고
✿ 귀로 듣고
✿ 입으로 소리내어 말한다!

학교생활

Unit 01 출신학교

대학은 이미 졸업했어요.

大学はもう卒業しています。

다이가꾸와 모- 소쯔교-시떼 이마스

지금 대학에 다니고 있어요.

いま、大学へ行っています。

이마, 다이가꾸에 잇떼 이마스

어느 대학을 다니고 있어요?

どちらの大学に行っていますか。

도찌라노 다이가꾸니 잇떼 이마스까

어느 학교를 나왔어요?

どちらの学校を出ましたか。

도찌라노 각꼬-오 데마시다까

어느 학교 출신이세요?

出身校はどちらですか。

슛싱꼬-와 도찌라데스까

그녀는 사립대학 출신이에요.

彼女は私立大学の出身です。

가노죠와 시리쯔 다이가꾸노 슛신데스

Conversation

A: **あなたはどこの大学を出ましたか。**

B: **地方の国立大学に通いました。**

당신은 어느 대학을 나왔어요?
지방 국립대학을 다녔어요.

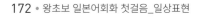

전공에 대해서

대학에서의 전공은 무엇입니까?

大学での専攻は何ですか。
<small>だいがく　せんこう　なん</small>

다이가꾸데노 셍꼬-와 난데스까

무엇을 전공하셨습니까?

何を専攻なさいましたか。
<small>なに　せんこう</small>

나니오 셍꼬- 나사이마시다까

대학에서는 무엇을 공부했습니까?

大学では何を勉強しましたか。
<small>だいがく　なに　べんきょう</small>

다이가꾸데와 나니오 벵꾜- 시마시다까

학부에서 법을 전공했습니다.

学部で法学を専攻しました。
<small>がくぶ　ほうがく　せんこう</small>

가꾸부데 호-가꾸오 셍꼬-시마시다

당신은 경제를 전공하고 있습니까?

あなたは経済を専攻していますか。
<small>けいざい　せんこう</small>

아나따와 케-자이오 셍꼬-시떼 이마스까

대학원에서는 언어학을 연구했습니다.

大学院では言語学を研究しました。
<small>だいがくいん　げんごがく　けんきゅう</small>

다이가꾸인데와 겡고가꾸오 겡뀨-시마시다

Conversation

A: 大学で何を専攻したのですか。
<small>だいがく　なに　せんこう</small>

B: 経済学です。
<small>けいざいがく</small>

A : 대학에서 무엇을 전공했습니까?
B : 경제학입니다.

학생이세요?

学生さんですか。

각세-산데스까

당신은 몇 학년이세요?

あなたは何年生ですか。

아나따와 난넨세-데스까

학교는 집에서 그다지 멀지 않아요.

学校は家からあまり遠くないです。

각꼬-와 이에까라 아마리 도-꾸나이데스

저 하얀 건물이 도서관인가요?

あの白い建物が図書館ですか。

아노 시로이 다떼모노가 도쇼깐데스까

식당은 어디에 있어요?

食堂はどこにありますか。

쇼꾸도-와 도꼬니 아리마스까

캠퍼스는 상당히 넓군요.

キャンパスはなかなか広いですね。

캼파스와 나까나까 히로이데스네

Conversation

A: 今、通っている学校はどうですか。

B: いいですよ。キャンパスも広くて静かです。

지금 다니고 있는 학교는 어때요?

좋아요. 캠퍼스도 넓고 조용해요.

>> 녹음을 듣고 소리내어 읽어볼까요?

<< 듣기 >>

서둘지 않으면 지각해.

急がないと、遅刻するよ。

이소가나이또, 치코꾸스루요

벌써 시간이 이렇게 됐네. 빨리 가야겠어.

もうこんな時間だ。早く行かなくっちゃ。

모- 곤나 지깐다. 하야꾸 이까나꿋쨔

빠뜨린 건 없니?

忘れ物はないの?

와스레모노와 나이노

뭔가 빠뜨린 것 같은 느낌이 들어요.

何か忘れ物したような気がしますよ。

나니까 와스레모노시따 요-나 기가 시마스요

오늘 아침은 평소보다 늦어도 돼요.

今朝はいつもより遅くてもいいんですよ。

게사와 이쓰모요리 오소꾸떼모 이인데스요

나는 자전거로 통학하고 있어요.

わたしは自転車で通学しています。

와따시와 지뗀샤데 쓰-가꾸시떼 이마스

Conversation

A: まだ学校へ行かないの?
B: 今日は開校記念日ですよ。

아직 학교에 안 가니?
오늘은 개교기념일이에요.

Unit 05 학교생활

무슨 동아리에 들었니?

何のクラブに入ってるの?

난노 쿠라부니 하잇떼루노

대학시절에 동아리 활동을 했어요?

大学時代にクラブ活動をしましたか。

다이가꾸 지다이니 쿠라부 카쓰도-오 시마시다까

아르바이트는 하니?

アルバイトはしているの?

아루바이토와 시떼이루노

파트타임으로 일해요.

パートで働いているんです。

파-토데 하따라이떼 이룬데스

학창시절, 해외여행을 한 적이 있어요?

学生時代、海外旅行をしたことがありますか。

각세- 지다이, 카이가이료꼬-오 시따 고또가 아리마스까

지금부터 아르바이트야.

これからアルバイトなんだ。

고레까라 아루바이토난다

Conversation

A: 何のアルバイトをしているの?

B: 家庭教師だよ。

무슨 아르바이트를 하고 있니?
과외선생이야.

>> 녹음을 듣고 소리내어 읽어볼까요?   << 듣기 >>

어느 과정을 수강하고 싶니?

どの課程を受講したいの?

도노 카떼-오 쥬꼬-시따이노

이번 학기에 몇 과목 수강신청을 했니?

今学期に、何科目の受講申し込みをした?

콩각끼니, 낭카모꾸노 쥬꼬- 모-시꼬미오 시따

어느 강의를 받을지 아직 안 정했니?

どの講義を受けるかまだ決めてない?

도노 코-기오 우께루까 마다 기메떼 나이

이 강의는 상당히 재미있을 거 같아.

この講義はなかなかおもしろそうだね。

고노 코-기와 나까나까 오모시로소-다네

이 강의는 기어코 수강할 생각이야.

この講義は絶対、取るつもりだよ。

고노 코-기와 젯따이, 도루 쓰모리다요

언제 수강 과목을 바꿀 수 있나요?

いつ、受講科目を変えることができますか。

이쯔, 쥬꼬- 카모꾸오 가에루 고또가 데끼마스까

Conversation

A: 経済学の受講を申し込むつもり?

B: まだ決めていないよ。

경제학 수강을 신청할거니?
아직 못 정했어.

>> 녹음을 듣고 소리내어 읽어볼까요?   << 듣기 >>

여러분, 출석을 부르겠어요.

皆さん、出席を取ります。

미나상, 슛세끼오 도리마스

자, 수업을 시작하겠어요.

さあ、授業を始めます。

사-, 쥬교-오 하지메마스

교과서를 펴세요.

教科書を開けてください。

교-까쇼오 아케떼 구다사이

칠판을 잘 보세요.

黒板をよく見てください。

고꾸방오 요꾸 미떼 구다사이

잠깐 쉬고 나서 시작하죠.

ちょっと休んでから始めましょう。

촛또 야슨데까라 하지메마쇼-

오늘은 이만 마치겠어요.

今日はこれで終わりましょう。

쿄-와 고레데 오와리마쇼-

Conversation

A: では、今日はここまで。

B: ありがとうございました。

그럼, 오늘은 여기까지.
수고하셨습니다.

수업 시간

여러분, 알겠어요?

皆_{みな}さん、分_わかりますか。

미나상, 와까리마스까

다른 질문은 없나요?

ほかの質問_{しつもん}はありませんか。

호까노 시쯔몽와 아리마셍까

좋은 질문이군요.

いい質問_{しつもん}ですね。

이- 시쯔몬데스네

다시 한 번 설명해 주시겠어요.

もう一度_{いちど}説明_{せつめい}していただけませんか。

모- 이찌도 세쯔메-시떼 이따다께마셍까

누구 아는 사람 없나요?

だれか、わかる人_{ひと}いませんか。

다레까, 와까루 히또 이마셍까

이것은 매우 중요해요.

これはとても重要_{じゅうよう}ですよ。

고레와 도떼모 쥬-요-데스요

Conversation

A: 先生_{せんせい}、質問_{しつもん}があります。

B: はい、何_{なん}ですか。

선생님, 질문이 있습니다.

네, 뭐죠?

시험과 성적

언제부터 기말시험이 시작됩니까?

いつから期末試験が始まりますか。

이쓰까라 기마쯔 시껭가 하지마리마스까

시험에 나오는 범위는 어디입니까?

試験に出る範囲はどこですか。

시껜니 데루 항이와 도꼬데스까

시험공부는 했나요?

試験勉強はしましたか。

시껨벵꾜-와 시마시다까

시험 결과는 어땠어요?

試験の結果はどうでしたか。

시껜노 겍까와 도-데시다까

이번 시험은 예상 이외로 쉬웠어요.

今度の試験は予想外に易しかったです。

곤도노 시껭와 요소-가이니 야사시깟따데스

제 학교 성적은 그저 그랬어요.

わたしの学校の成績はまあまあでした。

와따시노 각꼬-노 세-세끼와 마-마-데시다

Conversation

A: 今度の試験はどうでしたか。

B: なかなか難しかったですよ。

이번 시험은 어땠어요?
상당히 어려웠어요.

학교행사

≪ 듣기 ≫

오늘은 딸 입학식입니다.

今日はむすめの入学式です。
きょう　　　　　　　　にゅうがくしき

쿄-와 무스메노 뉴-가꾸시끼데스

이제 곧 신학기가 시작됩니다.

もうすぐ新学期が始まります。
　　　　しんがっき　はじ

모- 스구 싱각끼가 하지마리마스

매일 운동회 연습이야.

毎日、運動会の練習だよ。
まいにち　うんどうかい　れんしゅう

마이니찌, 운도-까이노 렌슈-다요

수학여행은 즐거웠어.

修学旅行は楽しかったよ。
しゅうがくりょこう　たの

슈-가꾸료꼬-와 다노시깟따요

이제 곧 대학축제이군요.

もうすぐ大学祭ですね。
　　　　だいがくさい

모- 스구 다이가꾸사이데스네

내일은 아들 졸업식이 있습니다.

あしたは息子の卒業式があります。
　　　　むすこ　　そつぎょうしき

아시따와 무스꼬노 소쯔교-시끼가 아리마스

Conversation

A: 今度の文化祭のとき、何かする?
　　こんど　ぶんかさい　　　　なん

B: うん、クラスで芝居をするんだ。
　　　　　　　　しばい

이번 문화제 때 뭔가 하니?
응, 반에서 연극을 해.

• 대화 내용의 녹음을 듣고 우리말을 일본어로 말해 보세요.

Unit 01

A: 당신은 어느 대학을 나왔어요?

B: 地方の国立大学に通いました。

Unit 02

A: 대학에서 무엇을 전공했습니까?

B: 経済学です。

Unit 03

A: 지금 다니고 있는 학교는 어때요?

B: いいですよ。キャンパスも広くて静かです。

Unit 04

A: 아직 학교에 안 가니?

B: 今日は開校記念日ですよ。

Unit 05

A: 무슨 아르바이트를 하고 있니?

B: 家庭教師だよ。

Unit 06

A: 経済学の受講を申し込むつもり?

B: 아직 못 정했어.

Unit 07

A: では、今日はここまで。

B: 수고하셨습니다.

Unit 08

A: 先生、질문이 있습니다.

B: はい、何ですか。

Unit 09

A: 今度の試験はどうでしたか。

B: 상당히 어려웠어요.

Unit 10

A: 今度の文化祭のとき、何かする?

B: うん、반에서 연극을 해.

PART 15

日常表現

✿ 만만하게
✿ 눈으로 읽고
✿ 귀로 듣고
✿ 입으로 소리내어 말한다!

직장생활

>> 녹음을 듣고 소리내어 읽어볼까요?   << 듣기 >>

또 지각이군요.
また遅刻<ruby>遅刻<rt>ち こく</rt></ruby>ですね。

마따 치코꾸데스네

타임카드는 찍었어요?
タイムカードは押<ruby>押<rt>お</rt></ruby>しましたか。

타이무카-도와 오시마시다까

오늘 일은 몇 시에 끝나요?
今日<rt>きょう</rt>の仕事<rt>しごと</rt>は何時<rt>なんじ</rt>に終<rt>お</rt>わりますか。

쿄-노 시고또와 난지니 오와리마스까

이제 끝냅시다.
もう終<ruby>終<rt>おわ</rt></ruby>りにしましょう。

모- 오와리니 시마쇼-

수고하셨습니다. 내일 봐요!
お疲<ruby>疲<rt>つか</rt></ruby>れさまでした。また明日<ruby>明日<rt>あした</rt></ruby>！

오쯔까레사마데시다. 마따 아시따

먼저 실례하겠습니다.
では、お先<ruby>先<rt>さき</rt></ruby>に失礼<ruby>失礼<rt>しつれい</rt></ruby>します。

데와, 오사끼니 시쯔레-시마스

Conversation

A: どうして遅<ruby>遅<rt>おく</rt></ruby>れたんだい。
B: 5分遅<ruby>5分遅<rt>ふん おく</rt></ruby>れただけです。

왜 늦었나?
5분 늦었을 뿐입니다.

직장에 대해서

>> 녹음을 듣고 소리내어 읽어볼까요?

<< 듣기 >>

당신은 회사원입니까?

あなたは会社員ですか。

아나따와 카이샤인데스까

어느 회사에 근무합니까?

どの会社に勤めていますか。

도노 카이샤니 쓰또메떼 이마스까

어느 부서입니까?

部署はどこですか。

부쇼와 도꼬데스까

저는 이 회사에서 영업을 하고 있습니다.

わたしはこの会社で営業をやっています。

와따시와 고노 카이샤데 에-교-오 얏떼 이마스

회사는 어디에 있습니까?

会社はどこにあるんですか。

카이샤와 도꼬니 아룬데스까

정년은 언제입니까?

定年はいつですか。

테-넹와 이쯔데스까

Conversation

A: あなたはどの会社に勤めていますか。

B: わたしは貿易会社で働いています。

당신은 어느 회사에 근무합니까?

저는 무역회사에서 일하고 있습니다.

>> 녹음을 듣고 소리내어 읽어볼까요?   << 듣기 >>

지금 무얼 하고 계신가요?

今、何をしていらっしゃいますか。

이마, 나니오 시떼 이랏샤이마스까

당신이 해줘야 할 일이 있어요.

あなたにやってもらいたい仕事があります。

아나따니 얏떼 모라이따이 시고또가 아리마스

일이 산더미처럼 쌓여 있어요.

仕事が山積みです。

시고또가 야마즈미데스

그 일은 지금 하고 있는 중이에요.

その仕事は、今しているところです。

소노 시고또와, 이마 시떼 이루 도꼬로데스

일이 끝나려면 아직 멀었어요.

仕事が終わるまでは、まだまだです。

시고또가 오와루마데와, 마다마다데스

이 일을 빨리 끝냅시다.

この仕事を早く済ませましょう。

고노 시고또오 하야꾸 스마세마쇼-

Conversation

A: 時間がどれくらいかかりましたか。
B: 計画した日にちより、二倍以上もかかりました。

시간이 어느 정도 걸렸어요?
계획한 날짜보다 두 배 이상이나 걸렸어요.

사무기기

뭐 필요한 것은 없나요?

何か必要なものはありませんか。

나니까 히쯔요-나 모노와 아리마셍까

오늘 복사용지를 주문했어요.

今日、コピー用紙を注文しました。

쿄-, 코피-요-시오 츄-몬시마시다

토너가 떨어지면 교환해 주세요.

トナーがなくなったら、交換してください。

토나-가 나꾸낫따라, 코-깐시떼 구다사이

양면테이프를 안 갖고 있나요?

両面テープを持っていませんか。

료-멘 테-푸오 못떼 이마셍까

잠깐 호치키스를 빌려 주세요.

ちょっと、ホチキスを貸してください。

촛또, 호치키스오 가시떼 구다사이

누구 고무밴드 안 가지고 있나요?

だれか輪ゴムを持っていませんか。

다레까 와고무오 못떼 이마셍까

Conversation

A: この書類をコピーしてください。

B: はい、何部をコピーしましょうか。

이 서류를 복사해 주세요.

네, 몇 부를 복사할까요?

팩스와 컴퓨터

지금 팩스로 보내 주세요.

今、ファックスで送ってください。

이마, 확쿠스데 오쿳떼 구다사이

견적서를 팩스로 보내겠습니다.

見積書をファックスで送ります。

미쓰모리쇼오 확쿠스데 오꾸리마스

팩스번호를 알려 주세요.

ファックス番号を教えてください。

확쿠스 방고-오 오시에떼 구다사이

보고서 파일명은 뭐죠?

報告書のファイル名は何ですか。

호-코꾸쇼노 화이루메-와 난데스까

컴퓨터가 다운됐어요.

コンピューターがフリーズしましたよ。

콤퓨-타-가 후리-즈시마시다

바이러스 체크를 해 봤어요?

ウイルスチェックしてみましたか。

우이루스 첵꾸시떼 미마시다까

Conversation

A: ファックスが来ていますよ。

B: どこからファックスが来ましたか。

팩스가 와 있어요.
어디서 팩스가 왔어요?

인터넷과 이메일

이번에 홈페이지를 갱신했어요.

今度、ホームページを更新しましたよ。

곤도, 호-무페-지오 고-신시마시다요

이 사이트는 상당히 재밌군요.

このサイトはなかなかおもしろいですね。

고노 사이토와 나까나까 오모시로이데스네

이건 인터넷으로 찾아볼게요.

これはインターネットで調べてみますよ。

고레와 인타-넷토데 시라베떼 미마스요

이메일 주소를 가르쳐 주세요.

メールアドレスを教えてください。

메-루 아도레스오 오시에떼 구다사이

서류를 메일로 보내 주세요.

書類をメールで送ってください。

쇼루이오 메-루데 오쿳떼 구다사이

스팸메일이 늘어나 큰일이에요.

迷惑メールが増えて困っているんです。

메-와꾸메-루가 후에떼 고맛떼 이룬데스

Conversation

A: 今、メールでお送りします。

B: こちらのメールアドレスはご存じですか。

지금 메일로 보내드리겠습니다.
저희 이메일 주소는 아십니까?

>> 녹음을 듣고 소리내어 읽어볼까요?

듣기

오후 회의는 어디서 있나요?

午後の会議はどこであるんですか。

고고노 카이기와 도꼬데 아룬데스까

회의는 몇 시부터인가요?

会議は何時からですか。

카이기와 난지까라데스까

이번 회의는 참석할 수 없어요.

今回の会議には出られません。

공까이노 카이기니와 데라레마셍

그 밖에 다른 의견은 없나요?

ほかに何か意見はありませんか。

호까니 나니까 이껭와 아리마셍까

프레젠테이션은 언제인가요?

プレゼンテーションはいつですか。

푸레젠테-숑와 이쯔데스까

프레젠테이션 반응은 어땠나요?

プレゼンテーションの反応はどうでしたか。

푸레젠테-숀노 한노-와 도-데시다까

Conversation

A: **会議はどれくらいで終わりますか。**
B: **今日の会議は長引くかもしれません。**

회의는 어느 정도면 끝납니까?
오늘의 회의는 길어질지도 몰라요.

Unit 08 회사생활

다음주부터 1주일간 휴가를 내고 싶습니다.

来週から一週間の休暇をとりたいのです。

라이슈-까라 잇슈-깐노 큐-까오 도리따이노데스

언제 월급을 올려 주시겠습니까?

いつ月給を上げていただけますか。

이쯔 겍뀨오 아게떼 이따다께마스까

승진을 축하드립니다.

ご昇進、おめでとうございます。

고쇼-싱, 오메데또- 고자이마스

올해는 보너스도 안 나올 것 같아요.

今年は、ボーナスも出ないようですよ。

고또시와, 보-나스모 데나이요-데스요

부장님은 정년을 안 기다리고 명퇴했습니다.

部長は定年を待たずして勇退しました。

부쬬-와 테-넹오 마따즈시떼 유-따이시마시다

퇴근시간이에요. 일을 정리합시다.

退社時間ですよ。仕事を片付けましょう。

타이샤 지깐데스요. 시고또오 카따즈께마쇼-

Conversation

A: **課長に相談したいことがあるんですが。**

B: **どんな話なんだい。**

과장님께 의논드릴 말씀이 있는데요.

무슨 일인가?

내일 찾아뵙고 싶은데요.

あした、お伺いしたいのですが。

아시따, 오우까가이 시따이노데스가

지금 찾아봬도 될까요?

これからお伺いしてもいいですか。

고레까라 오우까가이시떼모 이-데스까

제가 그쪽으로 갈까요?

わたしがそちらに参りましょうか。

와따시가 소찌라니 마이리마쇼-까

우리 사무실까지 와 주시겠습니까?

わたしのオフィスまで来ていただけますか。

와따시노 오휘스마데 기떼 이따다께마스까

언제 가면 가장 좋을까요?

いつ行けばいちばんいいのでしょうか。

이쯔 이께바 이찌방 이-노데쇼-까

그 날은 스케줄이 잡혀 있습니다.

その日はスケジュールが入っています。

소노 히와 스케쥬-루가 하잇떼 이마스

A: お時間があれば、お会いしたいのですが。
B: 午後3時はいかがでしょうか。

시간이 있으면, 뵙고 싶은데요.
오후 3시는 어떠세요?

회사방문

요시무라 씨를 뵙고 싶은데요.

吉村さんにお会いしたいのですが。

요시무라산니 오아이시따이노데스가

영업부 다나카 씨는 계십니까?

営業部の田中さんはいらっしゃいますか。

에-교-부노 타나까상와 이랏샤이마스까

무슨 용건이십니까?

何のご用件ですか。

난노 고요-껜데스까

자, 여기에 앉으십시오.

どうぞ、ここにお座りください。

도-조, 고꼬니 오스와리 쿠다사이

기다리게 해서 죄송합니다.

お待たせしてすみません。

오마따세시떼 스미마셍

이건 제 명함입니다.

これはわたしの名刺です。

고레와 와따시노 메-시데스

Conversation

A: お約束ですか。

B: いいえ。でも田中さんにお会いしたいのですが。

약속은 하셨습니까?

아니오. 하지만 다나카 씨를 만나고 싶은데요.

● 대화 내용의 녹음을 듣고 우리말을 일본어로 말해 보세요.

Unit 01

A: 왜 늦었나?

B: 5分遅れただけです。

Unit 02

A: 당신은 어느 회사에 근무합니까?

B: わたしは貿易会社で働いています。

Unit 03

A: 시간이 어느 정도 걸렸어요?

B: 計画した日にちより、二倍以上もかかりました。

Unit 04

A: この書類をコピーしてください。

B: はい、몇 부를 복사할까요?

Unit 05

A: ファックスが来ていますよ。

B: 어디서 팩스가 왔어요?

Unit 06

A: 지금 메일로 보내드리겠습니다.

B: こちらのメールアドレスはご存じですか。

Unit 07

A: 회의는 어느 정도면 끝납니까?

B: 今日の会議は長引くかもしれません。

Unit 08

A: 과장님께 의논드릴 말씀이 있는데요.

B: どんな話なんだい。

Unit 09

A: 시간이 있으면, 뵙고 싶은데요.

B: 午後3時はいかがでしょうか。

Unit 10

A: 약속은 하셨습니까?

B: いいえ。でも田中さんにお会いしたいのですが。

PART 16

日常表現

✿ 만만하게
✿ 눈으로 읽고
✿ 귀로 듣고
✿ 입으로 소리내어 말한다!

초대와 방문

전화를 걸 때

>> 녹음을 듣고 소리내어 읽어볼까요?

<< 듣기 >>

여보세요. 한국에서 온 김인데요.

もしもし。韓国から来たキムですが。

모시모시. 캉코꾸까라 기따 기무데스가

여보세요. 요시다 씨 댁이죠?

もしもし、吉田さんのお宅ですか。

모시모시, 요시다산노 오따꾸데스까

나카무라 씨와 통화하고 싶은데요.

中村さんと話したいんですが。

나까무라산또 하나시따인데스가

여보세요. 스즈키 씨 좀 바꿔주세요.

もしもし、鈴木さんをお願いします。

모시모시, 스즈키상오 오네가이시마스

여보세요, 그쪽은 다나카 씨이세요?

もしもし、そちらは田中さんでしょうか。

모시모시, 소찌라와 다나카산데쇼-까

요시노 선생님은 계세요?

吉野先生はいらっしゃいますか。

요시노 센세-와 이랏샤이마스까

Conversation

A: もしもし。吉田さんのお宅ですか。

B: はい、そうですが。

여보세요. 요시다 씨 댁이죠?
네, 그런데요.

전화를 받을 때

>> 녹음을 듣고 소리내어 읽어볼까요? 　　　　　　　　 << 듣기 >>

네, 전데요.

はい、わたしですが。

하이, 와따시데스가

누구시죠?

どちらさまでしょうか。

도찌라사마데쇼-까

잠시 기다려 주십시오.

少々お待ちください。

쇼-쇼- 오마찌 구다사이

곧 요시무라 씨를 바꿔드릴게요.

ただいま吉村さんと代わります。

다다이마 요시무라산또 가와리마스

여보세요, 전화 바꿨습니다.

もしもし、お電話代わりました。

모시모시, 오뎅와 가와리마시다

지금 다른 전화를 받고 있는데요.

いま、ほかの電話に出ていますが。

이마, 호까노 뎅와니 데떼 이마스가

Conversation

A: いま、ほかの電話に出ておりますが。
B: あ、そうですか。後でかけ直します。

지금 다른 전화를 받고 있는데요.
아, 그래요? 나중에 다시 걸게요.

찾는 사람이 부재중일 때

>> 녹음을 듣고 소리내어 읽어볼까요?

 듣기

언제 돌아오세요?

いつお戻りになりますか。

이쯔 오모도리니 나리마스까

무슨 연락할 방법은 없나요?

何とか連絡する方法はありませんか。

난또까 렌라꾸스루 호-호-와 아리마셍까

나중에 다시 걸게요.

あとでもう一度かけなおします。

아또데 모- 이찌도 가께나오시마스

미안합니다. 아직 출근하지 않았습니다.

すみません。まだ出社しておりません。

스미마셍. 마다 슛샤시떼 오리마셍

잠깐 자리를 비웠습니다.

ちょっと席をはずしております。

촛또 세끼오 하즈시떼 오리마스

오늘은 쉽니다.

きょうは休みを取っております。

쿄-와 야스미오 돗떼 오리마스

Conversation

A: まだ帰ってきていないんですが。
B: 何とか連絡する方法はありませんか。

아직 돌아오지 않았는데요.
무슨 연락할 방법은 없나요?

>> 녹음을 듣고 소리내어 읽어볼까요?   << 듣기 >>

몇 시까지 시간이 비어 있나요?

何時まで時間があいてますか。
なんじ　　　じかん

난지마데 지깡가 아이떼마스까

약속 장소는 그쪽에서 정하세요.

約束の場所はそちらで決めてください。
やくそく　ばしょ　　　　　　　き

약소꾸노 바쇼와 소찌라데 기메떼 구다사이

좋아요. 그 때 만나요.

いいですよ。そのときに会いましょう。
あ

이-데스요. 소노 도끼니 아이마쇼-

미안한데, 오늘은 안 되겠어요.

残念ながら、今日はだめなんです。
ざんねん　　　きょう

잔넨나가라, 쿄-와 다메난데스

그 날은 아쉽게도 약속이 있어요.

その日は、あいにくと約束があります。
ひ　　　　　　　　　やくそく

소노 히오, 아이니꾸또 약소꾸가 아리마스

급한 일이 생겨서 갈 수 없네요.

急用ができて行けません。
きゅうよう　　　　い

큐-요-가 데끼떼 이께마셍

Conversation

A: わたしと昼食をいっしょにいかがですか。
ちゅうしょく

B: 今日はまずいですけど、あしたはどうですか。
きょう

저와 함께 점심을 하실까요?
오늘은 곤란한데, 내일은 어때요?

초대할 때

우리 집에 식사하러 안 올래요?

うちに食事に来ませんか。

우찌니 쇼꾸지니 기마셍까

오늘밤 나와 식사는 어때요?

今晩、わたしと食事はどうですか。

곰방, 와따시또 쇼꾸지와 도-데스까

언제 한번 식사라도 하시지요.

そのうち食事でもいたしましょうね。

소노우찌 쇼꾸지데모 이따시마쇼-네

언제 한번 놀러 오세요.

いつか遊びに来てください。

이쯔까 아소비니 기떼 구다사이

가족 모두 함께 오십시오.

ご家族そろってお越しください。

고카조꾸 소롯떼 오꼬시 구다사이

아무런 부담 갖지 말고 오십시오.

どうぞお気軽にいらしてください。

도-조 오키가루니 이라시떼 구다사이

Conversation

A: 今晩、わたしと食事はどうですか。

B: いいですねえ。

오늘밤 나와 식사는 어때요?
좋지요.

>> 녹음을 듣고 소리내어 읽어볼까요? << 듣기 >>

기꺼이 갈게요.

よろこんでうかがいます。

요로꼰데 우까가이마스

꼭 갈게요.

きっと行きます。

깃또 이끼마스

초대해 줘서 고마워요.

招いてくれてありがとう。

마네이떼 구레떼 아리가또-

아쉽지만 갈 수 없어요.

残念ながら行けません。

잔넨나가라 이께마셍

그 날은 갈 수 없을 것 같은데요.

その日は行けないようですが。

소노 히와 이께나이 요-데스가

그 날은 선약이 있어서요.

その日は先約がありますので。

소노 히와 셍야꾸가 아리마스노데

Conversation

A: 誕生パーティーに来てね。
B: もちろん。招いてくれてありがとう。

생일 파티에 와요.
당근이죠. 초대해 줘서 고마워요.

방문할 때

요시무라 씨 댁이 맞습니까?

吉村さんのお宅はこちらでしょうか。
よしむら　　　　たく

요시무라산노 오따꾸와 고찌라데쇼-까

스즈키 씨는 댁에 계십니까?

鈴木さんはご在宅ですか。
すずき　　　　　ざいたく

스즈끼상와 고자이따꾸데스까

5시에 약속을 했는데요.

5時に約束してありますが。
じ　　やくそく

고지니 약소꾸시떼 아리마스가

좀 일찍 왔나요?

ちょっと来るのが早すぎましたか。
く　　　　はや

춋또 구루노가 하야스기마시다까

늦어서 죄송해요.

遅くなってすみません。
おそ

오소꾸낫떼 스미마셍

이거 변변치 않지만, 받으십시오.

これ、つまらないものですが、どうぞ。

고레, 쓰마라나이 모노데스가, 도-조

Conversation

A: これ、つまらないものですが、どうぞ。

B: どうも、こんなことなさらなくてもいいのに。

이거 변변치 않지만, 받으십시오.
고마워요. 이렇게 안 가져 오셔도 되는데.

>> 녹음을 듣고 소리내어 읽어볼까요?

 듣기

잘 오셨습니다.

ようこそいらっしゃいました。

요-꼬소 이랏샤이마시다

자 들어오십시오.

どうぞお入りください。
は い

도-조 오하이리 구다사이

이쪽으로 오십시오.

こちらへどうぞ。

고찌라에 도-조

집안을 안내해드릴까요?

家の中をご案内しましょうか。
いえ なか あんない

이에노 나까오 고안나이시마쇼-까

이쪽으로 앉으십시오.

こちらへおかけください。

고찌라에 오카께 구다사이

자 편히 하십시오.

どうぞくつろいでください。

도-조 구쓰로이데 구다사이

Conversation

A: よく来てくれました。うれしいです。
き

B: お招きくださってありがとう。
まね

잘 오셨습니다. 반갑습니다.
초대해 주셔서 고맙습니다.

>> 녹음을 듣고 소리내어 읽어볼까요?

<< 듣기 >>

잘 먹겠습니다.

いただきます。

이따다끼마스

이 음식, 맛 좀 보세요.

この料理、味見してください。

고노 료-리, 아지미시떼 구다사이

벌써 많이 먹었어요.

もう十分いただきました。

모- 쥬-붕 이따다끼마시다

잘 먹었습니다.

ごちそうさまでした。

고찌소-사마데시다

요리를 잘하시는군요.

お料理が上手ですね。

오료-리가 죠-즈데스네

정말로 맛있었어요.

ほんとうにおいしかったです。

혼또-니 오이시깟따데스

Conversation

A: さあどうぞ、ご自由に食べてください。

B: はい、いただきます。

자 어서, 마음껏 드세요.
네, 잘 먹겠습니다.

방문을 마칠 때

>> 녹음을 듣고 소리내어 읽어볼까요?

<< 듣기 >>

이제 그만 가볼게요.

そろそろおいとまします。

소로소로 오이또마시마스

오늘은 만나서 즐거웠어요.

今日は会えてうれしかったです。

쿄-와 아에떼 우레시깟따데스

저희 집에도 꼭 오세요.

わたしのほうにもぜひ来てください。

와따시노 호-니모 제히 기떼 구다사이

정말로 즐거웠어요.

ほんとうに楽しかったです。

혼또-니 다노시깟따데스

저녁을 잘 먹었습니다.

夕食をごちそうさまでした。

유-쇼꾸오 고찌소-사마데시다

또 오세요.

また来てくださいね。

마따 기떼 구다사이네

Conversation

A: そろそろおいとまします。
B: もうお帰りですか。

이제 슬슬 가볼게요.
벌써 가시게요?

● 대화 내용의 녹음을 듣고 우리말을 일본어로 말해 보세요.

Unit 01

A: もしもし。 요시다 씨 댁이죠?

B: はい、そうですが。

Unit 02

A: 지금 다른 전화를 받고 있는데요.

B: あ、そうですか。後(あと)でかけ直(なお)します。

Unit 03

A: まだ帰(かえ)ってきていないんですが。

B: 무슨 연락할 방법은 없나요?

Unit 04

A: 저와 함께 점심을 하실까요?

B: 今日(きょう)はまずいですけど、あしたはどうですか。

Unit 05

A: 오늘밤 나와 식사는 어때요?

B: いいですねえ。

Unit 06

A: 誕生(たんじょう)パーティーに来(き)てね。

B: 당근이죠. 초대해 줘서 고마워요.

Unit 07

A: 이거 변변치 않지만, 받으십시오.

B: どうも、こんなことなさらなくてもいいのに。

Unit 08

A: 잘 오셨습니다. 반갑습니다.

B: お招(まね)きくださってありがとう。

Unit 09

A: さあどうぞ、ご自由(じゆう)に食(た)べてください。

B: 네, 잘 먹겠습니다.

Unit 10

A: 이제 슬슬 가볼게요.

B: もうお帰(かえ)りですか。

17

PART

日常表現

✿ 만만하게
✿ 눈으로 읽고
✿ 귀로 듣고
✿ 입으로 소리내어 말한다!

공공장소

Unit 01 은행에서

은행은 어디에 있어요?

銀行はどこにありますか。

깅꼬-와 도꼬니 아리마스까

현금인출기는 어디에 있어요?

ATMはどこにありますか。

ATM와 도꼬니 아리마스까

계좌를 트고 싶은데요.

口座を設けたいのですが。

코-자오 모-께따이노데스가

예금하고 싶은데요.

預金したいのですが。

요낀시따이노데스가

환전 창구는 어디죠?

両替の窓口はどちらですか。

료-가에노 마도구찌와 도찌라데스까

대출 상담을 하고 싶은데요.

ローンの相談をしたいのですが。

로-ㄴ노 소-당오 시따이노데스가

Conversation

A: この1万円札をくずしてくれますか。

B: どのようにいたしましょうか。

이 1만 엔 권을 바꿔 주겠어요?
어떻게 해드릴까요?

>> 녹음을 듣고 소리내어 읽어볼까요?   듣기 >>

우체국은 어디에 있죠?

郵便局はどこにありますか。

유-빙쿄꾸와 도꼬니 아리마스까

우표는 어디서 살 수 있죠?

切手はどこで買えますか。

깃떼와 도꼬데 가에마스까

빠른우편으로 부탁해요.

速達でお願いします。

소꾸타쯔데 오네가이시마스

항공편으로 보내 주세요.

航空便にしてください。

코-꾸-빈니 시떼 구다사이

이 소포를 한국에 보내고 싶은데요.

この小包を韓国に送りたいのですが。

고노 코즈쓰미오 캉코꾸니 오꾸리따이노데스가

이 소포의 무게를 달아 주세요.

この小包の重さを計ってください。

고노 코즈쓰미노 오모사오 하깟떼 구다사이

Conversation

A: **この小包を韓国に送りたいのですが。**

B: **中身は何ですか。**

이 소포를 한국에 보내고 싶은데요.
내용물은 뭡니까?

이발소에서

머리를 자르고 싶은데요.

髪を切りたいのですが。

가미오 기리따이노데스가

머리를 조금 잘라 주세요.

髪を少し刈ってください。

가미오 스꼬시 갓떼 구다사이

이발만 해 주세요.

散髪だけお願いします。

삼빠쯔다께 오네가이시마스

어떻게 자를까요?

どのように切りましょうか。

도노요-니 기리마쇼-까

평소 대로 해 주세요.

いつもどおりにお願いします。

이쯔모 도-리니 오네가이시마스

머리를 염색해 주세요.

髪の毛をそめてください。

가미노께오 소메떼 구다사이

Conversation

A: どのように切りましょうか。
B: いまと同じ髪型にしてください。

어떻게 자를까요?
지금과 같은 헤어스타일로 해 주세요.

>> 녹음을 듣고 소리내어 읽어볼까요? 　　　　　　　　<< 듣기 >>

괜찮은 미용실을 아세요?

いい美容院を知りませんか。

이- 비요-잉오 시리마셍까

파마를 예약하고 싶은데요.

パーマを予約したいのですが。

파-마오 요야꾸시따이노데스가

커트와 파마를 부탁할게요.

カットとパーマをお願いします。

캇토또 파-마오 오네가이시마스

얼마나 커트를 할까요?

どれくらいカットしますか。

도레쿠라이 캇토 시마스까

다듬기만 해 주세요.

そろえるだけでお願いします。

소로에루다께데 오네가이시마스

짧게 자르고 싶은데요.

ショートにしたいのですが。

쇼-토니 시따이노데스가

A: 今日はどうなさいますか。

B: ヘアスタイルを変えたいのですが。

오늘은 어떻게 하시겠어요?

헤어스타일을 바꾸고 싶은데요.

세탁소에서

세탁소에 갖다 주고 와요.

クリーニングに出^だしてきてね。

쿠리-닝구니 다시떼 기떼네

드라이클리닝을 해 주세요.

ドライクリーニングをお願^{ねが}いします。

도라이쿠리-닝구오 오네가이시마스

셔츠에 있는 이 얼룩은 빠질까요?

シャツのこのシミは取^とれますか。

샤츠노 고노 시미와 도레마스까

다림질을 해 주세요.

アイロンをかけてください。

아이롱오 가케떼 구다사이

언제 될까요?

いつ仕上^{し あ}がりますか。

이쯔 시아가리마스까

치수를 고쳐 주실래요?

寸法^{すんぽう}を直^{なお}してもらえますか。

슴뽀-오 나오시떼 모라에마스까

Conversation

A: これ、ドライクリーニングをお願^{ねが}いします。
B: はい、全部^{ぜん ぶ}で5点^{てん}ですね。

이거, 드라이클리닝을 해 주세요.
네, 전부해서 다섯 점이군요.

안녕하세요, 셋방을 찾는데요.

こんにちは、部屋を探していますが。

곤니찌와, 헤야오 사가시떼 이마스가

어떤 방을 원하시죠?

どんな部屋をお望みですか。

돈나 헤야오 오노조미데스까

근처에 전철역은 있어요?

近くに電車の駅はありますか。

치카꾸니 덴샤노 에끼와 아리마스까

집세는 얼마 정도예요?

家賃はどれくらいですか。

야찡와 도레 쿠라이데스까

아파트를 보여주시겠어요?

アパートを見せてくださいませんか。

아파-토오 미세떼 구다사이마셍까

언제 들어갈 수 있어요?

いつ入居できますか。

이쯔 뉴-꾜데끼마스까

Conversation

A: どこに引っ越しするつもりですか。
B: 駅の近くの場所を探しています。

어디로 이사할 생각입니까?
역 근처의 장소를 찾고 있습니다.

구청은 어디에 있습니까?

区役所はどこにありますか。

구야꾸쇼와 도꼬니 아리마스까

외국인 등록은 무슨 과입니까?

外国人登録は何課ですか。

가이꼬꾸진 도-로꾸와 나니까데스까

전입신고를 하고 싶은데요.

転入届を出したいんですが。

덴뉴-토도께오 다시따인데스가

제가 작성해야 할 서류는 무엇이죠?

わたしが作成すべき書類は何ですか。

와따시가 사꾸세-스베끼 쇼루이와 난데스까

먼저 신청서를 제출하세요.

まず申請書を提出してください。

마즈 신세-쇼오 테-슈쯔시떼 구다사이

근처에 파출소는 있습니까?

近くに交番はありますか。

치카꾸니 코-방와 아리마스까

Conversation

A: ご用件は何ですか。
B: はい、外国人登録をしに来ました。

무슨 용무로 오셨습니까?
네, 외국인등록을 하러 왔습니다.

미술관·박물관에서

>> 녹음을 듣고 소리내어 읽어볼까요?

 듣기

미술관은 어디에 있습니까?

美術館はどこにありますか。

비쥬쓰깡와 도꼬니 아리마스까

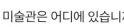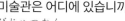

입장료는 얼마입니까?

入館料はいくらですか。

뉴-깐료-와 이꾸라데스까

10명 이상은 단체할인이 있어요.

10名以上は団体割引がありますよ。

쥬-메- 이죠-와 단따이 와리비끼가 아리마스요

휴관일은 언제입니까?

休館日はいつですか。

큐-깜비와 이쯔데스까

박물관은 몇 시에 닫습니까?

博物館は何時に閉まりますか。

하꾸부쯔깡와 난지니 시마리마스까

관내 기념품점은 어디에 있습니까?

ミュージアムショップはどこにありますか。

뮤-지아무 숍푸와 도꼬니 아리마스까

Conversation

A: **閉館時間は何時ですか。**
B: **午前10時から午後6時までです。**

펠관 시간은 몇 시입니까?
오전 10시부터 오후 6시까지입니다.

>> 녹음을 듣고 소리내어 읽어볼까요?　　　《 듣기 》

근처에 콘서트홀이 생겼어요.

近所にコンサートホールができました。
きんじょ

킨죠니 콘사-토호-루가 데끼마시다

이번에는 시민홀에서 연주회가 있어요.

今度は市民ホールで演奏会があります。
こんど　　　しみん　　　　　えんそうかい

곤도와 시밍호-루데 엔소-까이가 아리마스

이 식물원은 아주 넓어요.

この植物園はとても広いです。
しょくぶつえん　　　　ひろ

고노 쇼꾸부쯔엥와 도떼모 히로이데스

여기는 일본에서 가장 큰 동물원입니다.

ここは日本で最大の動物園です。
にほん　さいだい　どうぶつえん

고꼬와 니혼데 사이다이노 도-부쯔엔데스

이 빌딩에는 수족관도 있어요.

このビルには水族館もあります。
すいぞくかん

고노 비루니와 스이조꾸깜모 아리마스

여기는 천천히 자연 관찰을 할 수 있어요.

ここはゆっくり自然観察ができますよ。
しぜんかんさつ

고꼬와 육꾸리 시젱 칸사쯔가 데끼마스요

Conversation

A: 子供の入場料はいくらですか。
こども　にゅうじょうりょう

B: 今日は無料です。
きょう　　むりょう

어린이 입장료는 얼마예요?
오늘은 무료입니다.

도서관에서

도서관에서 책을 빌려 올게요.

図書館で本を借りてきますよ。

도쇼깐데 홍오 가리떼 기마스요

이 책은 빌릴 수 있는 겁니까?

この本は借りられるのですか。

고노 홍와 가리라레루노데스까

컴퓨터로 검색하세요.

コンピューターで検索してください。

콤퓨-타-데 겐사꾸시떼 구다사이

이것은 대출 중입니다.

これは貸し出し中です。

고레와 가시다시쮸-데스

대출 기간은 1주일입니다.

貸し出し期間は1週間です。

가시다시 기깡와 잇슈-깐데스

도서관에 책을 돌려주고 올게요.

図書館に本を返してきますよ。

도쇼깐니 홍오 가에시떼 기마스요

Conversation

A: 日課が終わったら、図書館に行くよ。

B: あ、そう。あれが図書館なの。

일과가 끝나면 도서관에 가.

아, 그래. 저게 도서관이니?

● 대화 내용의 녹음을 듣고 우리말을 일본어로 말해 보세요.

Unit 01

A: 이 1만 엔 권을 바꿔 주겠어요?

B: どのようにいたしましょうか。

Unit 02

A: 이 소포를 한국에 보내고 싶은데요.

B: 中身は何ですか。
なかみ　　なん

Unit 03

A: どのように切りましょうか。
き

B: 지금과 같은 헤어스타일로 해 주세요.

Unit 04

A: 今日はどうなさいますか。
きょう

B: 헤어스타일을 바꾸고 싶은데요.

Unit 05

A: 이거, 드라이클리닝을 해 주세요.

B: はい、全部で5点ですね。
ぜんぶ　　てん

Unit 06

A: どこに引っ越しするつもりですか。
ひ こ

B: 역 근처의 장소를 찾고 있습니다.

Unit 07

A: ご用件は何ですか。
ようけん　なん

B: 네, 외국인등록을 하러 왔습니다.

Unit 08

A: 폐관 시간은 몇 시입니까?

B: 午前10時から午後6時までです。
ごぜん じ　　ご ご じ

Unit 09

A: 어린이 입장료는 얼마예요?

B: 今日は無料です。
きょう　むりょう

Unit 10

A: 일과가 끝나면 도서관에 가.

B: あ、そう。あれが図書館なの。
としょかん

PART

18

日常表現

✿ 만만하게
✿ 눈으로 읽고
✿ 귀로 듣고
✿ 입으로 소리내어 말한다!

병원

병원에서

무슨 과의 진료를 원하세요?

何科の受診をご希望ですか。

나니까노 쥬싱오 고키보-데스까

보험증은 가지고 계세요?

保険証はお持ちでしょうか。

호껜쇼-와 오모찌데쇼-까

이 병원에서의 진료는 처음이세요?

この病院での受診ははじめてですか。

고노 뵤-인데노 쥬싱와 하지메떼데스까

다음에는 언제 오면 되죠?

今度はいつ来たらいいでしょうか。

곤도와 이쯔 기따라 이-데쇼-까

몇 번 통원해야 하죠?

何回通院しないといけませんか。

낭까이 쓰-인 시나이또 이께마셍까

오늘 진찰비는 얼마에요?

今日の診察代はおいくらですか。

쿄-노 신사쯔다이와 오이꾸라데스까

Conversation

A: この病院での受診ははじめてですか。

B: はじめてではないのですが。

이 병원에서의 진료는 처음이세요?
처음은 아니고요.

증세를 물을 때

오늘은 어땠어요?

今日はどうなさいましたか。
<small>きょう</small>

쿄-와 도- 나사이마시다까

어디 아프세요?

どこか痛みますか。
<small>いた</small>

도꼬까 이따미마스까

여기를 누르면 아파요?

ここを押すと痛いですか。
<small>お　　　いた</small>

고꼬오 오스또 이따이데스까

어느 정도 간격으로 머리가 아프세요?

どれくらいおきに頭痛がしますか。
<small>ず　つう</small>

도레쿠라이 오끼니 즈쯔-가 시마스까

이런 증상은 이전에도 있었어요?

このような症状は、以前にもありましたか。
<small>しょうじょう　　　い ぜん</small>

고노요-나 쇼-죠-와, 이젠니모 아리마시다까

알레르기 체질인가요?

アレルギー体質ですか。
<small>たいしつ</small>

아레루기- 타이시쯔데스까

Conversation

A: このような症状は、以前にもありましたか。
<small>しょうじょう　　　い ぜん</small>

B: いいえ、はじめてです。

이런 증상은 이전에도 있었어요?
아뇨, 처음입니다.

Unit 03 증상을 설명할 때

>> 녹음을 듣고 소리내어 읽어볼까요?   << 듣기 >>

열이 있고 기침이 있어요.

熱があり、せきが出ます。

네쯔가 아리, 세끼가 데마스

조금 열이 있는 것 같아요.

すこし熱があるようです。

스꼬시 네쯔가 아루요-데스

미열이 있는 것 같아요.

微熱があるようです。

비네쯔가 아루요-데스

유행성 독감에 걸린 것 같아요.

流感にかかったみたいです。

류-깐니 가캇따미따이데스

토할 것 같아요.

吐きそうです。

하끼소-데스

어젯밤부터 두통이 심해요.

ゆうべから頭痛がひどいです。

유-베까라 즈쯔-가 히도이데스

Conversation

A: 頭痛と発熱があって、のども痛いんです。

B: いつからですか。

두통과 발열이 있고 목도 아파요.
언제부터입니까?

아픈 곳을 말할 때

>> 녹음을 듣고 소리내어 읽어볼까요?

<< 듣기 >>

배가 아파요.

腹が痛みます。

하라가 이따미마스

허리가 아파서 움직일 수 없어요.

腰が痛くて動けません。

고시가 이따꾸떼 우고께마셍

귀가 울려요.

耳鳴りがします。

미미나리가 시마스

무좀이 심해요.

水虫がひどいのです。

미즈무시가 히도이노데스

아파서 눈을 뜰 수 없어요.

痛くて目を開けていられません。

이따꾸떼 메오 아께떼 이라레마셍

이 주위를 누르면 무척 아파요.

このあたりを押すとひどく痛いです。

고노 아따리오 오스또 히도꾸 이따이데스

Conversation

A: ひざを曲げられますか。

B: とても痛くて曲げられません。

무릎을 구부릴 수 있나요?

너무 아파서 굽힐 수 없어요.

Unit 05 검진을 받을 때

듣기

목을 보여 주세요.
喉を見せてください。
노도오 미세떼 구다사이

혈압을 잴게요.
血圧を計ります。
게쯔아쯔오 하까리마스

여기 엎드려 누우세요.
ここにうつぶせに寝てください。
고꼬니 우쯔부세니 네떼 구다사이

숨을 들이쉬고 멈추세요.
息を吸って止めてください。
이끼오 슷떼 도메떼 구다사이

저는 어디가 안 좋아요?
わたしはどこが悪いのでしょうか。
와따시와 도꼬가 와루이노데쇼-까

결과는 1주일 후에 나옵니다.
結果は1週間後に出ます。
겍까와 잇슈-깡고니 데마스

Conversation

A: この検査は痛いですか。
B: いいえ、痛みは一切ありません。

이 검사는 아파요?
아뇨, 통증은 전혀 없습니다.

>> 녹음을 듣고 소리내어 읽어볼까요?　　　　　　　　　　<< 듣기 >>

귀에 무언가 들어간 것 같아요.

耳に何か入ったようです。

미미니 나니까 하잇따요-데스

코를 풀면 귀가 아파요.

鼻をかむと耳が痛いです。

하나오 카무또 미미가 이따이데스

코피가 가끔 나와요.

鼻血がときどき出ます。

하나지가 도끼도끼 데마스

코가 막혀서 숨을 쉴 수 없어요.

鼻がつまって、息ができません。

하나가 쓰맛떼, 이끼가 데끼마셍

심하게 기침이 나고 목이 아파요.

ひどく咳が出て、喉が痛いです。

히도꾸 세끼가 데떼, 노도가 이따이데스

지금은 침을 삼키는 것도 힘들어요.

今は唾を飲むのも苦しいのです。

이마와 쓰바오 노무노모 구루시-노데스

Conversation

A: 聴力検査を受けたいんですが。
B: 耳に何か異常がありますか。

청력검사를 받고 싶은데요.
귀에 무슨 이상이 있나요?

최근에 시력이 떨어진 것 같아요.

最近、視力が落ちたようです。

사이낑, 시료꾸가 오치따요-데스

안경을 쓰면 머리가 아파요.

眼鏡をかけると、頭が痛いです。

메가네오 가께루또, 아따마가 이따이데스

가까운 사물이 잘 보이지 않아요.

近くの物がよく見えません。

치카꾸노 모노가 요꾸 미에마셍

눈이 충혈되어 있어요.

目が充血しています。

메가 쥬-케쯔시떼 이마스

눈을 감으면 아파요.

目をつぶると、痛いです。

메오 쓰부루또, 이따이데스

눈에 다래끼가 났어요.

目に物もらいができています。

메니 모노모라이가 데끼떼 이마스

Conversation

A: **左目がちょっと悪いようですが。**

B: **じゃ調べてみましょう。目を大きく開けてください。**

왼쪽 눈이 좀 안 좋은 것 같은데요.

자 검사해봅시다. 눈을 크게 뜨세요.

치과에서

Unit 08

치석을 제거하러 왔어요.

歯石を削りに来ました。

시세끼오 케즈리니 기마시다

충치 치료를 받으러 왔어요.

虫歯の治療を受けに来ました。

무시바노 치료-오 우께니 기마시다

이가 몹시 아파요.

歯がひどく痛いんです。

하가 히도꾸 이따인데스

잇몸이 아파요.

歯茎が痛いです。

하구끼가 이따이데스

이를 닦으면 잇몸에서 피가 나와요.

歯を磨くと、歯茎から血が出ます。

하오 미가꾸또, 하구끼까라 치가 데마스

어제 치과의사에게 진찰을 받았습니다.

きのう歯医者に見てもらいました。

기노- 하이샤니 미떼 모라이마시다

Conversation

A: 先生、歯ブラシはどんなものがいいでしょうか。

B: どなたが使うのですか。

선생님, 칫솔은 어떤 게 좋을까요?
어느 분이 쓰실 겁니까?

입퇴원 또는 병문안할 때

>> 녹음을 듣고 소리내어 읽어볼까요?

<< 듣기 >>

어느 병원에 입원했죠?

どこの病院に入院しましたか。

도꼬노 뵤-인니 뉴-인시마시다까

요시무라 씨 병실은 어디죠?

吉村さんの病室はどこですか。

요시무라산노 뵤-시쯔와 도꼬데스까

빨리 회복하세요.

早く、よくなってくださいね。

하야꾸, 요꾸낫떼 구다사이네

생각보다 훨씬 건강해 보이네요.

思ったよりずっと元気そうですね。

오못따요리 즛또 겡끼소-데스네

반드시 곧 건강해질 거예요.

きっとすぐ元気になりますよ。

깃또 스구 겡끼니 나리마스요

아무쪼록 몸조리 잘하세요.

くれぐれもお大事に。

구레구레모 오다이지니

Conversation

A: 木村さん、どうしたんですか。
B: ええ、交通事故で軽い怪我をしまして…。

기무라 씨, 어떻게 된 거죠?
예, 교통사고로 가볍게 다쳐서….

약국에서

이 약으로 통증이 가라앉을까요?

この薬<ruby>薬<rt>くすり</rt></ruby>で痛<ruby>痛<rt>いた</rt></ruby>みがとれますか。

고노 구스리데 이따미가 도레마스까

피로에는 무엇이 잘 들어요?

疲<ruby>疲<rt>つか</rt></ruby>れ目<ruby>目<rt>め</rt></ruby>には何<ruby>何<rt>なに</rt></ruby>が効<ruby>効<rt>き</rt></ruby>きますか。

쓰까레메니와 나니가 기끼마스까

바르는 약 좀 주세요.

塗<ruby>塗<rt>ぬ</rt></ruby>り薬<ruby>薬<rt>ぐすり</rt></ruby>がほしいのですが。

누리구스리가 호시-노데스가

몇 번 정도 복용하죠?

何回<ruby>何回<rt>なんかい</rt></ruby>くらい服用<ruby>服用<rt>ふくよう</rt></ruby>するのですか。

낭까이 쿠라이 후꾸요-스루노데스까

한 번에 몇 알 먹으면 되죠?

1回<ruby>回<rt>かい</rt></ruby>に何錠<ruby>何錠<rt>なんじょう</rt></ruby>飲<ruby>飲<rt>の</rt></ruby>めばいいですか。

익까이니 난죠- 노메바 이-데스까

진통제는 들어 있어요?

痛<ruby>痛<rt>いた</rt></ruby>み止<ruby>止<rt>ど</rt></ruby>めは入<ruby>入<rt>はい</rt></ruby>っていますか。

이따미도메와 하잇떼 이마스까

Conversation

A: 旅行疲<ruby>旅行疲<rt>りょこうづか</rt></ruby>れによく効<ruby>効<rt>き</rt></ruby>く薬<ruby>薬<rt>くすり</rt></ruby>はありますか。

B: これは旅行疲<ruby>旅行疲<rt>りょこうづか</rt></ruby>れによく効<ruby>効<rt>き</rt></ruby>きます。

여행 피로에 잘 듣는 약은 있어요?

이건 여행 피로에 잘 듣습니다.

대화 연습 PART 18

● 대화 내용의 녹음을 듣고 우리말을 일본어로 말해 보세요.

Unit 01

A: この病院での受診ははじめて
ですか。

B: 처음은 아니고요.

Unit 02

A: このような症状は、以前にも
ありましたか。

B: 아뇨, 처음입니다.

Unit 03

A: 두통과 발열이 있고 목도 아파요.

B: いつからですか。

Unit 04

A: ひざを曲げられますか。

B: 너무 아파서 굽힐 수 없어요.

Unit 05

A: 이 검사는 아파요?

B: いいえ、痛みは一切ありませ
ん。

Unit 06

A: 청력검사를 받고 싶은데요.

B: 耳に何か異常がありますか。

Unit 07

A: 왼쪽 눈이 좀 안 좋은 것 같은데요.

B: じゃ調べてみましょう。目を
大きく開けてください。

Unit 08

A: 선생님, 칫솔은 어떤 게 좋을까요?

B: どなたが使うのですか。

Unit 09

A: 기무라 씨, 어떻게 된 거죠?

B: ええ、交通事故で軽い怪我を
しまして…。

Unit 10

A: 여행 피로에 잘 듣는 약은 있어요?

B: これは旅行疲れによく効きま
す。